[教师基本素养丛书·郑金洲=主编]

教师的
心理健康素养

赵世明 著

海峡出版发行集团 THE STRAITS PUBLISHING & DISTRIBUTING GROUP | 福建教育出版社

图书在版编目（CIP）数据

教师的心理健康素养/赵世明著．—福州：
福建教育出版社，2011.8
（教师基本素养丛书/郑金洲主编）
ISBN 978-7-5334-5594-1

Ⅰ.①教…　Ⅱ.①赵…　Ⅲ.①教师—心理健康　Ⅳ.
①G478.2

中国版本图书馆 CIP 数据核字（2011）第 154132 号

教师基本素养丛书
郑金洲　主编
教师的心理健康素养
赵世明　著

出版发行　海峡出版发行集团
福建教育出版社
（福州梦山路 27 号　邮编：350001　电话：0591—83706771　83733693
传真：83726980　网址：www.fep.com.cn）
出 版 人　黄　旭
发行热线　0591—87115073
印　　刷　福州华彩印务有限公司
（福州新店南平路鼓楼工业小区　邮编：350012）
开　　本　720 毫米×1000 毫米　1/16
印　　张　13.5
字　　数　207 千
插　　页　1
版　　次　2011 年 10 月第 1 版　2011 年 10 月第 1 次印刷
书　　号　ISBN 978-7-5334-5594-1
定　　价　28.00 元

总　　序

“素养”，乃平素之修养，在人的素质结构中，起着基础性、引导性的作用。一个人素养水平的高低，直接关系到其工作的实践状态和质量水准。对教师来说，素养更是至关重要。一个基本素养高的教师，有着较高的教育品味，对学生体现出浓郁的人文情怀，同时对教育的理解和认知也较为深刻，更容易形成独到的实践智慧；一个基本素养低的教师，对教育教学的理解有限或失当，难以构建与学生之间的良好互动关系，也难以体现出独树一帜的先进教育理念和教学风格，甚至对教育教学工作而言不啻为一种灾难。因而，提升素养，增强素质，强化能力，是摆在每个教师面前的一个重要课题。

教师素养，涉及内容众多，范围甚广，从不同角度可以进行不同分类，但一般而言，大体可分为人文素养、哲学素养、科学素养、艺术素养等。

教师从事的教育工作，面对的对象是人，更具体来说，是正在成长发展过程中的中小学生，假如教师缺乏人文精神，丧失人文情怀，要做好教育教学工作，成为一个受学生爱戴的教师，可以说是一件不可能的事情。时下，我们常常谈论教育家办学的话题，许多教育家就是从优秀教师成长起来的，作为教师首先是要热爱教育事业，热爱学生，具有较高的人文素养。他能够从学生的立场思考问题，尊重学生的生命价值，注重在教育过程中激发学生参与的积极性和主动性，关心学生的成长，善待学生的过失，宽容学生的失误，为学生取得的点滴进步而欣喜，与学生同喜同悲，而且，他把每个学生当作有独特生命意义的个体来看待，因其材而施其教，善于与学生在教育教学过程中结伴成长共同发展。这种人本精神和人文情怀弥散于教育实践中，是建立民主合作的师生关系的前提，是促使学生全面发展、全体发展、主动发展、个性发展和终身发展的保障。

哲学是什么？这一问题常常为人问起，哲学界也有着大相径庭的看法，我同意哲学是求根本的学问这一认识。根和本是同一个意思，在日常教育实践中，一些教师只注意花和果，枝和叶，实际上，一棵树长成什么样子，是它的树根和树干决定的（当然，还有“种子”的问题，但是“种子”本身也有一个它的根本和要害是什么的问题）。任何教育的革命都是在哲学的意义上发生的，任何教学的重大变革都是在教学意义的改变上进行的。教师对教育教学的根本看法没有改变，那么在实践上的改进上也不会走得太远。正如康德所说的：有两种东西，我对它们的思考越是深沉和持久，它们在我心灵中唤起的神奇和敬畏就会日新月异，不断增长，这就是我头上的星空和心中的道德定律。教师在忙碌的教育实践中，时常驻足停留，仰望教育的星空，探寻心灵深处的道德，就是从教育的原点思考问题，就是重新进行教育价值观的重构和重建，就是在为教育苦苦思索新的发展路径，找寻教育的新出路。

在“道”、“学”、“技”中，作为“学”的“科学”居于中间地位，如果说“道”属哲学层次，“技”属操作范畴，“学”就是在“道”的指导下形成的一系列规范、规则、规定等。人文是底蕴，哲学是基础，科学更多指向教师的行为要求。教师的科学素养表现为三个方面，一为科学知识。举凡相关学科的知识都在其中。比如，教师作为社会人，需要掌握社会学方面的知识；教师作为经济人，需要掌握经济学方面的知识；教师作为历史人，需要掌握国学方面的知识；教师作为生物人，需要掌握医学方面的知识；等等。二为科学方法。教师的教育教学活动，需要掌握科学的思维方法、研究方法、教学方法；需要遵循思维规律，思考问题按照一定的逻辑要求来展开；需要在实践中正确地运用问卷、访谈、观察等方法收集整理相关实践资料；需要从学生的认知规律出发，从教学目的、内容要求出发，恰当地传递已有的知识经验，引导学生的健康成长。三为科学精神。科学意味着质疑、批评，意味着独立分析和评判，科学也常常意味着距离。教师的科学精神是其对课程进行二次开发所必需的，是其对教案进行创意设计的基本要求，也是其与学生一道对知识进行批判性分析，探讨知识从何处来向何处去的内在需要。

我们形容一个教师教有所成，通常会用“教学艺术”一词来表征。其实，教师要形成教学艺术，一个前提性的要求是教师要具有一定水准的艺术素养。美学意义上的艺术素养，让教师多了一份审美眼光，使其能够在平淡无奇的教育世界中发现美、鉴赏美进而去创造美。比如，语言表达的艺术素养能够使教师在课堂语言的使用中有意识地去探索其中的奥妙，并在此基础上逐步形成独到的语言表现力；沟通的艺术素养能够使教师在与同事、家长、学生的交往中自觉地根据不同沟通对象、场景使用不同的策略，并在此基础上逐步形成独特的沟通本领等。教师拥有较高的艺术素养，会使自己的教学逐步变得赏心悦目，在课堂上的举手投足、一颦一笑都充满着艺术的韵味，自己会对教学抱有越来越高的兴趣，把教学当作一门艺术，学生也在其中深受感染和鼓舞，越来越有可能把学习当作一件快乐的事情。

上述对教师基本素养的分类无疑是粗略的，在教师的具体实践行为中，无法做出清晰明辨的区分。我们不能说，教师的这些行为是由人文素养决定的，那些行为表现出的是其哲学或科学素养，也不能简单地形而上学地看待。甚至在本套丛书的撰写中，这些素养也是交叉地表现在每一个专题当中的。人文素养不是一本书的内容呈现，而是在各书中都有所涉及；虽然哲学素养有单独的一本书进行论述，但思考教育的根本问题是所有各册书的共同任务；科学素养、艺术素养也是如此，融汇于各书之中，积累于平时之间。

以前讲教师培训或教师学习，主要谈论的是教师要学习学科知识、教育学知识和心理学知识，也就是通常所说的“小三门”。时至今日，教师学历日趋达标，教育学知识不在话下，心理学知识不再陌生，学科知识更是日益熟稔，教师要增进对教育的理解、提高自身的实践智慧，需要放开视野看教育，拓宽视域看人生，一句话，进一步加大自己的素养底蕴。惟有如此，教师才能走出“自视”的狭小空间，把自己作为一个放大了的“人”来看待，才能跳出教育看教育，用第三种眼光看教学（另两种分别是教师的眼光和学生的眼光），也才能从根本上改变自己对教育教学的基本认识，切实做好教育教学工作。正是基于这样的考虑，我们编撰了这套书，但愿它们能够成为教师成长发展的加油站，成为教师快速奔跑中驻足小歇的驿站，成为教师转变观念增进智慧的推动器。

郑金洲

2011年9月于上海

前　言

近些年来，人们对教师心理健康的关注与日俱增。在互联网搜索引擎上查询“教师心理健康”，百度的查询结果为 365 万条中文网页，谷歌(Google) 搜索纪录更是多达 560 万条。中文期刊全文数据库的查询结果表明，从 1990 年到 2010 年的 20 年间，各种学术和科普期刊杂志发表涉及教师心理健康的文章多达 10431 篇，其中 2000 年以后发表的文章就占了 9748 篇。这表明进入 21 世纪以来，人们对教师心理健康的研究和关注有了显著增加。这与教师职业压力的逐渐增大和心理健康问题的日益凸显不无关系。一些教育科研工作者的研究结果认为教师的心理健康状况令人担忧。为数不多的基于地方样本的实证研究表明，约有三分之一的教师存在轻度的心理健康异常问题。许多教育和心理工作者都呼吁要重视和关注教师的心理健康，因为这一问题不仅关系到教师本身的社会适应，也影响到教育对象的健康成长。然而，无论是局部小样本的心理健康状况测查，还是对教师工作和生活适应状况的一般性观察，都没有证据表明教师人群中普遍存在较为严重的心理异常问题，也没有证据表明教师的心理健康异常问题比其他职业人群更为严重。尽管如此，教师人群中的确存在一些心理健康异常问题，不但对教师的身心健康和生活质量造成了一定损害，也对学校正常的教育教学工作带来了一定影响，这也是不争的事实。鉴于教师职业的敏感性和特殊性，教师的心理健康状况理应受到人们的特别关注。提高教师的心理健康水平也已成为包括教育工作者在内的社会各界的共识。

由于心理健康知识在我国尚未普及，人们对心理健康问题还没有形成系统的科学认识，主动接受专业帮助或临床干预还是非常敏感和隐讳的事情。在常规工作和生活状态下，一些心理干预手段的实施和推行会遇到一定程度的阻抗。因此，提高教师心理健康水平的首要环节就是要提高广大教师的心理健康素养，降低广大教师接受心理健康干预的敏感性，增强寻求心理援助的自知力和主动性。一旦人们意识到心理健康异常不再神秘和令人恐惧，接受心理健康辅导或专业帮助的主观意愿就会加强。一旦人们对心理健康异常的发生和表现有了基本的认识和了解，就会树立和增强保持心理健康的意识和信心，也会有助于心理健康异常的识别和预防。

提高教师的心理健康素养，不但是维护教师心理健康的重要基础和前提，也是学校开展心理健康教育和辅导的重要保障。心理健康教育是增强中小学生心理素质的重要方面，是开展素质教育的重要内容。学校和教师不但要培养学生健全的人格和良好的心理品质，还要对少数有心理困扰或心理障碍的学生给予科学有效的心理辅导，使他们尽快摆脱心理困扰，提高心理健康水平，增强自我教育能力。要实现学校心理健康教育的各项目标和要求，广大教师首先要提高自身的心理健康素养，掌握必要的心理健康知识和技能。

这里所说的心理健康素养，主要是指保持和增进心理健康的相关知识、技能、态度和意识。本书针对教师的职业特点和工作实际，从心理健康问题的基本常识、应对方法、预防措施和助人技能等四个方面，较为系统地介绍了有助于广大教师提高自身心理健康水平的基本知识与方法，力求使教师在学习和了解这些心理保健常识的同时，形成对心理健康异常的正确认识和科学态度，掌握必要的识别、预防和应对心理健康异常问题的方法和技能。与此同时，促进学生的人格成长和心理健康也是教师的重要职责。从这个意义上讲，每个教师都应该成为学生心理健康的兼职辅导员。因此了解和掌握一定的心理健康辅导知识和技能对于提高教师的心理健康素养同样十分重要。

除了教师提升自身的心理健康素养之外，建立教师心理健康的干预和保障机制，也是确保教师心理健康的重要方面。中小学校和教育管理机构应从组织层面作出必要的努力和尝试。比如将教师的心理健康教育纳入学校心理卫生工作的整体范畴，建立针对教师的心理援助系统（EAP），扩大校内专职心理辅导员的服务功能与范围等。伴随着教师心理健康素养的不断增强，心理健康干预和保障的机制也应不断健全和完善。只有这样，教师心理健康的整体水平才能得到真正的提高。

目　录

第一讲　心理健康的基本问题 …… 1

心理健康的基本含义\1

心理健康应符合哪些标准\3

心理健康异常的界限\7

心理健康异常有哪些表现\10

心理健康的一些相关概念\13

第二讲　教师的心理健康问题 …… 15

教师心理健康的总体状况\15

教师心理健康的异常问题\18

教师心理健康问题的应对\20

教师的心理健康教育职能\23

第三讲　心理健康异常的发生机制 …… 25

影响心理健康的基础性因素\26

影响心理健康的诱发性因素\27

心理学对心理健康异常的解释\29
教师心理健康问题的诱发因素\36

第四讲　应对心理健康异常策略之一：心理健康的自我评定与认知 ……… 39
心理健康的综合评定：你的心理健康总体状况如何\40
心理健康的症状测评：你是否存在特定的异常问题\46
心理健康评定应注意的问题：如何正确使用心理测评工具\53

第五讲　应对心理健康异常策略之二：心理亚健康的缓解与调试 ………… 56
教师的工作倦怠\57
工作倦怠的应对策略\64
神经衰弱的表现与形成\67
神经衰弱的心理调试\70

第六讲　应对心理健康异常策略之三：心理与精神障碍的识别 ……………… 73
精神障碍是如何分类的\74
精神障碍的主要病症\75
常见精神异常症状的识别\81

第七讲　应对心理健康异常策略之四：心理与精神障碍的治防 ……………… 86
精神障碍的三级预防\87
抑郁症的识别与防治\88
焦虑症的识别与防治\95
社交恐惧症的识别与防治\98
应激障碍的特征与应对\102

第八讲　保持心理健康策略之一：管理好自己的压力 ……………………… 105
教师的应激与压力\106
压力的形成机制\109

压力管理的策略\111

第九讲　保持心理健康策略之二:调节负面情绪 …………………………… 120
情绪的自我管理\121
精神和躯体的放松\127
音乐的心理调试\131

第十讲　保持心理健康策略之三:调整非理性认知 ………………………… 137
合理情绪疗法\138
常见的非理性认知\139
非理性认知的改变\142
养成健康的认知习惯\144

第十一讲　保持心理健康策略之四:塑造积极心境 ………………………… 149
增强积极的情绪体验\150
构建积极的心理过程\155
培养积极的人格特征\161

第十二讲　帮助学生的艺术:心理健康辅导的基本方法 …………………… 163
建立心理辅导关系\164
展开心理辅导进程\167
识别和解决学生的心理问题\172

附录1　中国教师职业压力与心理健康调查问卷………………………… 185
附录2　症状自评量表(SCL-90) ……………………………………… 191

参考文献 …………………………………………………………………… 196

第一讲 心理健康的基本问题

心理健康是指这样一种健康状态，在这种状态中，每个人能够实现自己的能力，能够应付正常的生活压力，能够有成效地从事工作，并能够对其社区作出贡献。从此积极意义上讲，心理健康是个体获得生活幸福和履行有效社会功能的基础。①

——世界卫生组织（WHO）

提高教师自身的心理健康素养，首先要了解和认清心理健康的基本问题。心理健康对教师的工作和生活具有非常重要的影响。由于职业压力和生活压力的存在，教师人群中存在一些心理健康异常问题是完全正常的，对心理健康问题的漠视和回避才是心理健康异常造成负面影响的主要根源。心理健康的概念和标准、心理健康异常的特征和原因、心理健康的相关概念等，都是需要我们重点认识和了解的心理健康的基本问题。

心理健康的基本含义

心理健康是一种心理状态。那么什么样的状态才是心理健康呢？与心理

① 世界卫生组织（WHO）. Mental health：strengthening our response［EB/OL］.（2010-09-01）［2010-10-08］. http://www. who. int/mediacentre/factsheets/fs220/en/.

健康相对的是心理“不健康”，为了理解和称谓的方便，我们可以称之为心理健康异常。那么什么样的“异常”或“异常”到什么程度才算是心理不健康呢？这些问题都是保持和维护心理健康必须面对的基本问题。前者涉及心理健康的定义，后者说的是心理健康的标准。

心理健康是一个较为复杂和模糊的概念，尽管许多文献都对心理健康下过定义或做过描述，但是到目前为止并没有一个公认的定义。不过，我们可以从世界卫生组织（WHO）对健康的定义来领会和理解心理健康的含义。

世界卫生组织在其《组织法》中明确提出：“健康是一种身体上、心理上和社会上的完善状态，而不仅仅是没有疾病和虚弱。”① 这个对健康的定义明确指出了心理健康的基本性质，即心理健康是人整体健康不可或缺的重要组成部分。

尽管没有对心理健康的概念作出明确的界定，但是世界卫生组织还是对心理健康的基本状态作出了描述。比照健康的定义，世界卫生组织强调，心理健康并不仅是没有精神障碍或疾病，还要能够发挥自己的能力，能够应付正常的生活压力，能够有成效地从事工作，并能够对其社区和集体作出自己的贡献，实现自身的社会价值。和生理健康一样，心理健康也受到经济、社会、生物、环境等多种因素的影响。

许多组织、专家和有关文献都对心理健康的含义作出了界定。归纳起来，心理健康主要包含以下一些含义：

1. 心理健康一种持续的心理状态。这里有两个关键字：“持续”和“心理”。不能因为存在短暂或一过性的心理不适就认为心理健康存在问题，不能因为身体疾病就怀疑心理也出了问题。

2. 这种状态的最低标准是没有精神障碍或精神疾病，至少在患有精神障碍或精神疾病期间不能认为是处于心理健康状态。另一方面，心理健康并不仅仅是没有精神障碍或疾病，一些人长期处于心理亚健康状态，在此过程中也不能认为是心理健康的。

---

① 世界卫生组织（WHO）. Mental health：strengthening our response[EB/OL].（2010-09-01）[2010-10-08]. http://www.who.int/mediacentre/factsheets/fs220/en/.

3. 心理健康的常态表现是在自身及环境条件允许的情况下，个体能达到最佳的功能状态，其中包括能够充分发展自身的潜能，能够应付正常的生活和工作压力，能够有成效地从事职业活动，能够维持良好的人际关系，能够对他人和社会作出自己的贡献等。

4. 这种状态不是指心理或精神上的绝对完美。心理健康并不是指马斯洛提出的那种自我实现的高峰体验。实际上大部分个体在日常生活中处于一种平静的、愉悦的心理状态，尽管偶尔也会遇到各种烦恼，也会存在暂时性的焦虑或一过性的情绪低落，但从总体上讲还是处于心理健康状态的。

当然，我们可以用很多描述来界定心理健康状态。如果需要对心理健康作一个简单的概括，那就是，心理健康是一种正常意识状态下的总体平静和愉悦。我们可以对每天出门上班或就寝入睡前的内心状况作一个判断，有没有特别让你感到担惊受怕的事情，有没有特别让你觉得沮丧难受的体验，如果没有这些不良的心理感受和情感体验，自己的内心是平静的，情绪是愉悦的，那么你就是心理健康的。以此标准来衡量，我们大多数人都是心理健康的。

心理健康应符合哪些标准

心理健康的标准是心理健康的操作性或技术性定义。确定心理健康的具体标准要比确定一个笼统抽象的概念更容易些，也更有实际意义。事实上，所谓的平静和愉悦的确包含了许多复杂的内容和成分。心理健康的标准，就是要说明具备哪些具体的心理和行为特征才算得上是心理健康或心理健康异常的。

关于心理健康标准的讨论可分为两种模式。一种模式是讨论心理健康的表现形式，即说明具备哪些具体的心理和行为特征是属于心理健康的。另一种模式是讨论心理健康与否的判断标准，即说明心理是否健康的界限或标准是什么。这两个问题分别从正面和反面回答了心理健康的标准问题。

著名的人本主义心理学家马斯洛和米特尔曼在合著的《变态心理学》中

提出了心理健康的10条标准①，实际上就是心理健康的具体特征：

1. 有足够的自我安全感；
2. 能充分地了解自己，并能对自己的能力作出适度的评价；
3. 生活理想切合实际；
4. 不脱离周围现实环境；
5. 能保持人格的完整与和谐；
6. 善于从经验中学习；
7. 能保持良好的人际关系；
8. 能适度地发泄情绪和控制情绪；
9. 在符合集体要求的前提下，能有限度地发挥自己的个性；
10. 在社会规范允许的范围内，能适度地满足个人的基本要求。

美国心理健康协会（NMHA，后简称为MHA）对心理健康特征的归纳更为细化和全面，列出了26条具体的心理健康特征标准②：

1. 经常感到快慰、舒适；
2. 不为恐惧、愤怒、爱、妒忌、罪恶或忧愁等情绪所捆绑；
3. 能坦然接受不如意的事；
4. 能以容忍、开放的心胸，面对自己和他人，必要时还能自我解嘲；
5. 能不高估、也不低估自己的能力；
6. 能接受自己的缺失；
7. 能保持高度的自尊心；
8. 善于处理所面临的各种情境；
9. 能从日常生活的点点滴滴中，吸取生活乐趣；
10. 能经常感受人际关系的乐趣；
11. 能经常关怀他人，关爱他人；
12. 拥有永久、良好的友谊；
13. 相信别人，喜欢别人，也渴望别人爱自己、信任自己；

① 沙莲香. 社会心理学［M］. 北京：中国人民大学出版社，2006：378.

② 陈国鹏. 心理测验与常用量表［M］. 上海：上海科学普及出版社，2005：95.

14. 尊重别人的思想与意念，纵然这些思想与意念与自己有些分歧；

15. 不强迫他人接受自己的意见，也不随便接受别人的看法；

16. 乐于参与各种团体活动；

17. 对左邻右舍，甚至所接触的任何人，具有责任心；

18. 愉快地面对生活中的各种需求；

19. 能自行处理所有的问题；

20. 勇于负责；

21. 尽可能谋求与环境的良好相处；

22. 乐于接受新经验与新观念；

23. 能充分运用自己的天赋；

24. 能确立合理的人生目标；

25. 能自我思索、自我抉择；

26. 能全力投入工作，从而寻求乐趣。

我们可以将以上这些特征归纳为四个方面：基本需要的满足，客观的自我认知，健全的人格状态和良好的社会适应。这些心理健康的特征标准更像一个心理健康的评价量表。我们不妨将自己的行为表现与这些特征作个比照，看看符合得如何。由于对心理健康概念的认识和理解的不同，许多专业人士也都提出了心理健康的各种特征标准，归纳起来主要分布在以下几个方面①：

1. 对生活和工作环境的适应性

个体的心理活动是对客观物质世界的反映，因此正常心理状况下应该与环境保持一致性和协调性，这就是个体对环境的适应性。如果这种适应性遭到破坏，比如对客观世界的歪曲、虚构、回避或不安等，均提示心理健康异常可能发生。对环境的适应性是人赖以生存的最基本条件，主要表现为个体对外界的各种物理和精神刺激作出正常、适当的反应，个体保持同自然环境、社会环境、组织环境的和谐相处，个体为实现既定目标克服各种困难、改变态度和观念等过程。其中既有主动的适应，也有被动的适应，而被动的适应和主动的适应都是适应外界环境所必需的。在人的生活和工作中，外界环境

① 李占江等. 心理卫生科普漫画手册［M］. 北京：中国社会科学出版社，2004：26-30.

总是在变化着的，有时也会面临巨大变化，比如职业或生活环境的变迁，许多人都会感到有些紧张或短时期的不适应，但有的人能随遇而安很快适应，有的人的不适应会很强烈并且持续很久，出现焦虑不安、血压变化、心悸失眠以及各种精神症状和躯体症状，甚至长期存在这些不适应反应。可见，个体对生活和 工作环境的适应能力是衡量个体心理健康水平的一项重要标准。一般来讲，适应性强的人心理健康水平就高。

2. 对精神刺激和压力的耐受性

个体生活在自然和社会环境中，可能会遭遇到突发、严重的精神刺激，如亲人亡故或意外伤害等，也可能会遇到持久存在的压力事件，如长期承担繁重的工作任务，需要完成指标性工作等。面对不同性质和强度的精神刺激或压力事件，出现短暂的悲伤、痛苦、焦虑、抑郁情绪是正常的，是有机体对外刺激的正常反应，经过一段时间之后会自行康复。但是如果这些负面情绪或心境的强度很大，或者持久存在，说明对精神刺激和压力的耐受性存在问题，往往会引起精神与躯体症状。尽管精神刺激或压力的耐受性与个体的人格基础和神经类型存在很大关系，但是后天环境等社会因素也会影响个体的耐受性。当耐受性水平下降时，个体对外来刺激或压力的承受能力就会不足，同样的应激事件在别人身上不是问题，在耐受性低的个体身上就可能产生负面情绪甚至躯体症状。因此，耐受性强的人心理健康水平就高。

3. 对自身心理活动的合理调控

对心理活动的合理调控主要体现为心理活动的内部协调性。个体心理过程中的认知活动、情感活动和意志活动应是协调一致的，心理活动与行为也应协调一致，这种统一的心理活动保证了个体具有良好的社会适应功能，能够进行正常的认知活动和人际交往。如果个体的心理活动出现内部不协调，比如认知与情感或意志出现了分裂，面对积极的事物却产生了消极的情感，或者不能坚持将正常的工作进行下去，或者不能按照个人的意志来调节和支配自己的行动和言语，则意味着心理健康发生了异常问题。

对心理活动的合理调控还体现为心理活动的稳定性。个体过去的、现在的和将来的心理活动都有着必然的联系，心理活动的变化是稳定和有规律的。突变的、紊乱的、分裂的心理活动可能预示着心理健康异常的发生。如果我们在日常生活中发现某个人突然“像变了个人似的”，或者周围的同事人认为你本人“像变了个人似的”，就需要谨慎评估一下心理健康状态是否发生了变化。

4. 社会交往与人际关系的活动能力

个体心理健康的一项重要特征就是社会适应，也就是能与社会和他人保持对其生活和工作有利的相互关系。良好的人际关系是心理健康的外在表现，也是心理健康得以维持的重要外部条件。与社会和他人保持和谐关系，才能减少个体的心理冲突和负性情感，避免在社会生活中遭受挫折和打击，减少影响心理健康的应激反应，从而保持良好的心理健康状态。如果一个人很少和亲人、朋友或同事交流，或者突然毫无理由地与所有人断绝往来，将自己隔离起来或者变得冷漠无情，其心理健康状况很有可能发生了异常问题。

以上这些心理健康的主要特征可以称为是心理健康的一般性标准。一些专家结合教师的职业特点，还专门提出教师的心理健康标准。教师的心理健康标准与普通人有何不同之处，的确需要进一步研究与探讨。但是强调职业特点对心理健康的要求，不过是为了突出心理健康一般性标准中的某些部分特征，如师生的人际交往、职业压力的耐受性等。因此笔者认为，确立教师的心理健康标准需要在普通人群心理健康标准的框架内，重点强调其中的某些符合职业特点和要求的特征标准，而不应该另起炉灶，单设标准。我们很难想象不同的职业人群会存在不同的心理健康标准。就像生理健康的标准一样，不同人群的心理健康应该有基本统一的标准。

心理健康异常的界限

心理学和精神医学多从心理健康的异常表现或异常问题来检验和描述一个人的心理健康状况。因此，判断心理健康的正常与异常成为心理健康的重要技术标准。

在看待和判断自身或他人的心理健康状态时，应该本着相对的、发展的观点来综合评价一个人的心理健康是属于正常还是异常。但是正如许多专家指出的，心理健康不仅仅是没有心理疾病。心理健康与心理不健康是一个渐变的连续体的两端，正常和异常之间没有绝对、截然的界限。同时，人的心理与社会文化、价值观、行为准则等密切相关，此一时、此一地被认为是正常、健康的，换作彼一时、彼一地就可能被认为是异常、不健康的，因此心理健康的正常与异常也是一个相对的标准。此外，人的心理状态是随着客观世界与社会环境不断发生变化的，人们对心理健康的认识也是随着人类社会的发展与进步而不断演变和进化的。比如现代社会对同性恋的认识和态度较以往发生了很大的改变。在人类社会生活中，同性恋毕竟不应属于正常的性关系和性心理，但在一定的社会条件下也不能说它是不健康，因为它与前面提到的心理健康的特征标准并不存在明显的冲突和矛盾，同性恋个体完全能够正常地工作生活。因此，心理健康的标准也是不断发展变化的。

尽管心理健康标准是一个相对的、发展的概念，但是在实际操作中，还是要对人的心理健康状态作出必要的判断和评价，以便为心理健康的干预和促进提供客观依据。国内外常见的心理健康的判别标准主要有以下几个方面：

1. 统计学的常模标准。即大多数人的标准。如果一个人的心理与行为活动与大多数人相一致，即是正常的心理状态，偏离大多数人的心理与行为表现，即是异常的心理状态。比如，在学校里有的同事对谁都面无表情，沉默无语，很少参加集体活动，也不与大家有任何交往，这时候需要考虑其心理健康状况可能出现了异常。再比如，有的人不能很好地适应社会行为规范，与普通人的价值观念、道德伦理、风俗习惯格格不入，比如前面提到的同性恋，就是与大多数人的性心理与性行为存在抵触，通常会被认为是异常的。在利用心理健康和人格测验对心理健康异常进行评价和诊断时，多采用个体所在群体的平均分以上或以下 1 至 2 个标准差的那个分数点，作为分界标准或心理正常与异常的区分点。

2. 社会生活的适应性标准。就是指个体能否适应正常的社会生活，当事人的生活和工作是否受到显著的影响，人际关系是否融洽和谐。如果存在与世界卫生组织对心理健康状态的描述相反的情况，比如不能够很好地发挥自己的能力，不能够应付普通人需要面对的生活压力，不能与他人维持正常的人际关系，不能像其他人那样正常地工作和学习，不能对别人和社会作出自己应有的贡献，这样的人会感觉到自己处于社会生活的边缘，别人也会认为他很难融入普通人的正常生活。这类人的生活适应能力出了问题，很有可能存在心理健康异常。

3. 心理过程的协调性标准。这是指个体心理活动的协调性和一致性。正常情况下，人的三大心理过程——认知、情感和意志活动是相对统一和协调的。我们认为是积极有益的事情，多伴随愉快的情绪体验，遇到困难也会坚持不懈，通过发挥意志力最终达到自己的目标。但是如果对积极的事物产生消极的情绪体验，并且行为退缩、裹足不前，表现出认知、情感和意志活动的不协调和不统一，心理活动和心理健康就会出现异常。

4. 内心体验的主观性标准。这是一种基于主观体验的判断标准。正如前面曾提到的，正常的或健康的心理状态应该是总体平静和愉悦的。所谓总体平静和愉悦就是指愉快的内心体验多于或强于痛苦的内心体验。如果一个人总是体验到焦虑、恐惧或悲伤等负性的情绪，或者总是处于抑郁或亢奋的心境状况，或者总是不能控制自己的思想和行为，那么一般会存在心理健康异常的情况。

5. 临床检查的客观性标准。前面四条标准基本上都属于主观体验或行为观察标准。本条属于比较客观和可靠的技术，即临床症状的检验标准，主要分为生理异常指标与心理异常指标两类。生理异常指标主要依赖对神经系统功能和结构的生物学检查，比如依靠对大脑的生理和组织检查来判断是否存在心理异常. 不过，功能性心理健康异常的判定更多的是依赖心埋功能的检查。心理检查包括症状检查、诊断会谈、心理实验和心理测验等方式。其中在心理测验中，常采用智力测验、记忆测验、人格测验、症状测验和综合评定等测评工具。在临床诊断中，心理测验结果一般是作为辅助和参考性指标来使用的。心理健康异常的诊断主要还是依靠生理和症状检查。

需要特别指出的是，对心理健康异常的认定往往需要同时采用上述几种标准作出综合判断，不能仅仅凭其中某个单一的标准就作出判定。比如，尽管有的人的心理与行为活动与大多数人的言行差异显著甚至相互抵触，但是他并没有不良的情感体验或躯体症状，对其正常的工作和生活并未造成明显的影响，那就不能认为是心理不健康。如果某个人的心理与行为表现与上述多种标准都相违背，那么心理健康存在问题的可能性就很大。

心理健康异常有哪些表现

我们可以将各种各样、轻重不同的心理健康问题统称为心理健康异常。心理健康异常的表现各有不同，症状有轻有重，持续的时间也有长有短。根据心理健康异常症状的这些表现特征，可以将其划分为不同的种类。一般来讲，心理健康异常的分类主要参考以下四个方面的标准。

1. 心理健康异常的症状表现。是否出现精神障碍的典型症状，是判断心理健康异常轻重程度的重要标准。比如轻度的心理健康异常虽然也会使个体感到身心不适，但很少伴有躯体症状，也不存在典型的精神障碍症状。心理障碍或精神疾病需要符合精神障碍的症状标准，具有什么样的心理健康异常症状，是判断异常程度的标准之一。

2. 心理健康异常的发生频度。轻度的心理健康异常症状发生或出现的次数比较少，比如轻度的心理健康问题并不是每天都发生，只是在特定生活情境或压力状态下才出现情绪起伏。如果异常症状经常发生，在每天的大部分时间内都能影响和困扰个体的心理与行为，则提示有可能存在较严重的心理健康异常问题。

3. 心理健康异常的持续时间。轻度的心理健康异常一般存在时间较短，随着时过境迁而逐渐缓解。异常心理持续的时间越长，心理异常的严重程度就越高。比如，临床上精神障碍的病程标准一般在 1 个月以上，抑郁发作症状存在 2 周以上是抑郁症的诊断标准之一。

4. 心理健康异常的严重程度。轻度的心理问题不会对个体的社会功能产生很大影响，虽然本人也会感到痛苦、焦虑甚至情绪低落，但一般不影响人的正常工作和生活。较严重的心理健康异常一般会给个体的社会功能造成不同程度的受损，严重的会丧失自知力或正常意识。

按照以上标准，根据心理健康异常的严重程度，可以由轻到重的顺序将其分为心理问题或心理不适、心理亚健康、精神障碍或心理疾病等三大类别（如图 1-1）。

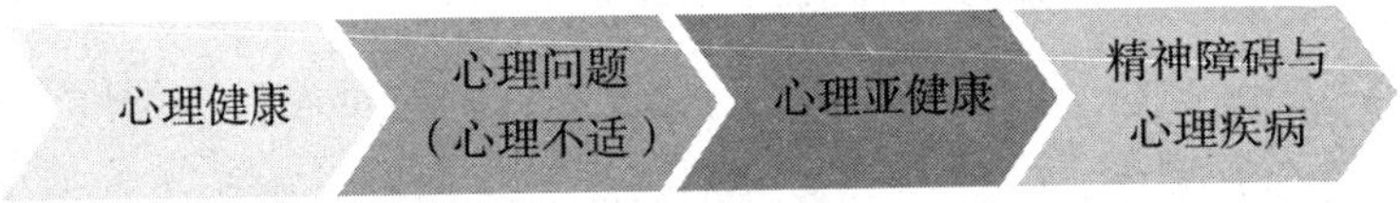

心理健康 → 心理问题（心理不适） → 心理亚健康 → 精神障碍与心理疾病

图 1-1　心理健康异常的基本分类

心理问题或心理不适是指个体经常遇到的心理困扰或心态不佳，一般由个人工作或生活中的应激事件引起，如婚姻危机、子女成长、人际纠葛、就业升职问题等，都会对人们的心理状态产生干扰，在问题不能得到有效解决的情况下，当事人会出现轻度的焦虑、苦恼或痛苦，正常的工作和生活状态也会受到影响。但是对于大多数人来说，这些一般性的心理问题持续的时间不长，程度轻微，随着应激问题的解决，心理状态也会恢复平静。心理问题只是一种轻度的心理健康异常，不属于精神障碍。一些关于教师心理健康状况的调查研究将教师人群中存在的心理问题或心理亚健康当作精神障碍来看待，人为夸大了教师心理健康问题的严重性，这是需要我们认真关注的。

由于人们的心理问题基本上都是一过性的，因此不能将存在心理问题的人纳入心理健康异常的统计范围。实际上，我们几乎所有人都遇到过心理问题或心理不适的情况，但你不能说我们大多数人都是心理不健康的。就像我们所有人都得过感冒或生过病，不能说我们大多数人都是（生理上）不健康的。说到心理健康异常的发生率或发病率，是指同一时间内存在心理健康异常的人数比率。因此，尽管我们教师队伍中有很多人曾经存在过这样或那样的心理问题，但那都是一过性的，我们不能据此认为教师心理健康异常的情况很严重。

亚健康是介于健康和疾病的一种灰色状态。和生理亚健康状态一样，心理亚健康也是一种非健康、非疾病的心理状态。处于心理亚健康的个体会时常感到焦虑、紧张、恐惧、情绪低落、精神不振、乏力等，在行为上出现冷漠、自闭、逃避甚至攻击等不良反应。许多人的心理亚健康状态会持续很长时间，对正常工作和生活带来不同程度的影响。但是心理亚健康毕竟不属于心理疾病，因为它一般不符合精神障碍的症状标准，临床上也没有亚健康这种障碍类型，而且绝大部分心理亚健康状态都可以通过自身调节来解决。如果亚健康状态长时间得不到缓解，应寻求专业人员的帮助，尽快调整至正常状态。有的个体由于人格特点或其他诱因的作用，有可能使心理亚健康问题逐渐复杂化，甚至发展或转化成为心理疾病。在教师和其他高压力职业人群中，心理亚健康的一种典型表现就是工作倦怠。

精神障碍或疾病是那些具有诊断意义的心理异常问题。这类问题属于较严重的心理健康异常，一般出现显著的认知、情感和行为的改变，伴有痛苦体验或（和）躯体或心理功能的损害。临床上，各种精神障碍或疾病都有明确的诊断标准和症状表现（见第四讲）。

在精神障碍或疾病分类中，有一部分属于较轻的心理障碍，如神经症或适应障碍等，虽然患者也存在不同程度的负面情绪体验或躯体症状，但能够维持正常的工作和生活状态，作为人的社会功能并没有受到严重的损害，心理活动的完整性、协调性、一致性也没有完全丧失。但是既然属于一种精神障碍或疾病，就应该当作疾病来看待，这一点不同于前面提到的一般性心理问题或心理亚健康状态。既然是一种疾病，就应该及时采取措施，主动寻求治疗。不但需要心理治疗，也需要药物治疗。

各类精神病属于最严重的心理健康异常病症。主要是由于这类疾病对人的精神活动和社会功能会造成严重的损害。患者无法适应正常的工作和生活，必须得到及时、系统、充分的药物治疗。

这里特别需要加以说明的是，在心理健康或精神医学领域，心理障碍（Mental disorder）或心理疾病、精神障碍或精神疾病等术语，作为一类心理健康异常的总称基本上是通用的，都是指较为严重的心理健康异常。但是由于学科背景和服务对象的原因，心理学和精神医学（传统上所称的精神病学）对于这类问题的称谓是有所区别的。习惯上，在心理咨询或治疗领域多称心理障碍或心理疾病，在精神医学领域多称精神障碍或精神疾病。不过，“障碍”和“疾病”在语义上的确存在一定的差别。在某些特定的情境中，似乎障碍比疾病的严重程度更轻一些。比如在心理咨询领域，某些学习或行为障碍不属于“疾病”，不能称之为“心理疾病”。另外，如果提到心理障碍，一般是指与心理因素密切相关的精神障碍，或者称为功能性精神障碍，不包含器质性或发育性精神障碍。从这个意义上讲，心理障碍可能比精神障碍包含的范围要小一些。但是从心理健康异常的分类角度来讲，心理障碍、心理疾病、精神障碍或精神疾病基本上说的都是一回事，都用来区别于程度较轻的心理问题和心理亚健康。因此在心理健康的研究和实践中，对于心理障碍的界定或判定要谨慎从事，不能仅仅依靠某些问卷调查或自评测验就对心理障碍的存在状况作出简单的推论，否则会人为夸大心理障碍在教师人群中的患病率。

心理健康的一些相关概念

在了解心理健康的基本问题时，有一些重要的概念需要澄清。这些概念都是与心理健康是密切相关的，是认识和保持心理健康的重要方面。

——心理卫生（Mental hygiene）

实际上，心理健康（mental health）的概念是由心理卫生延伸、转化而来的。从词意上看，卫生一词（hygiene）起源于古代希腊神话中的健康女神“Hygeia”，原本就有“健康”的含义。因此，心理卫生与心理健康是密不可分的。心理健康是一种良好的心理和适应状态，心理卫生也称精神卫生，是研究心理健康的一门学问，也是促进心理健康的各种行为。心理卫生主要是应用精神病学、心理学、行为医学和卫生学的理论和技术，达到预防心理障碍、减少精神残疾和增强心理健康的目标①。当代心理卫生运动始于20世纪初期。1908年，世界上第一个心理卫生组织在美国的康涅狄格州成立。世界卫生组织于1992年将世界心理卫生日确定为每年的10月10日。中国心理卫生协会于1985年成立，出版有《中国心理卫生杂志》、《健康心理学》、《心理与健康》等学术刊物和科普杂志。我国心理卫生工作的主要任务包括大众心理健康的维护和促进，心理障碍的早期识别、预防和治疗，心理障碍患者的康复训练和回归社会。

——健康心理学（Health Psychology）

健康心理学与心理健康不只是词序的不同颠倒。健康心理学属于心理学的一个分支，但是与医学存在很大交集。健康心理学致力于研究心理因素对健康和疾病的影响和作用机制，探讨心理与行为是如何影响个体的身体健康，

---

① 李占江等. 心理卫生科普漫画手册［M］. 北京：中国社会科学出版社，2004：4.

对疾病的发生和发展具有什么样的作用，人们如何通过调整心理和行为来保持健康和控制疾病。健康心理学研究发现，通过培养健康的行为方式和良好的生活习惯，人们可以很好地预防和控制各种躯体疾病的发生。同时，一些不健康的生活方式（如心理和行为习惯）与某些特定的疾病存在密切的关系。通过健康心理学的努力，人们可以识别心理与行为的健康性，从而增进健康行为，减少非健康行为，有效地预防身体疾病。从这个意义上讲，某些心理健康的异常表现也是健康心理学关注和研究的内容。心理卫生主要是通过调整和改变人的心理与行为来预防心理疾病，健康心理学主要是通过调整人的行为方式来预防身体疾病。两者面对的对象都包括不健康的心理与行为。

——**心身疾病**（Psychosomatic disease）

在前面介绍的心理健康异常中并没有出现心身疾病这一类别，说明心身疾病还不属于心理健康异常的范畴。但是从病因上看，心身疾病与心理健康有着十分密切的关系。心身疾病也称为心理生理疾病或异常，是一组由心理-社会因素引起或起主导作用的身体疾病，如冠心病、高血压病、消化性溃疡、偏头痛、支气管哮喘、荨麻疹、皮肤瘙痒等症。这些疾病的发生发展与心理健康异常的某些表现（如长期持续精神紧张或焦虑）存在一定程度的因果关系。因此，从某种意义上讲，心理健康异常是心身疾病的源头或前提。保持和促进心理健康，对于有效预防心身疾病的发生发展具有重要意义和作用。

本讲小结

人是社会性动物，心理健康就是人类个体的一种良好的社会适应状态。这种适应性主要表现为对生活和工作环境的适应性，对精神刺激和压力的耐受性，对自身心理活动的合理调控以及社会交往与人际关系的活动能力。与心理健康相对的是心理健康异常。当然，从心理健康到心理健康异常应该是一个连续体，从心理问题或心理不适开始，到心理亚健康，最后再到精神障碍或心理疾病，中间的划分标准是相对的，而且是综合的。我们可以根据心理健康异常的症状表现、发生频度、持续时间和严重程度来判定人的心理健康属于何种异常或异常到何种程度。

第二讲　教师的心理健康问题

教师的人格就是教育工作者的一切，只有健康的心灵才有健康的行为。

——乌申斯基

教师的心理健康问题正日益引起社会和公众的广泛关注。众多的有关教师心理健康的调查研究表明，由于职业特点和社会期待等原因，教师承受着非常大的心理压力和精神负担（在这方面，许多教师都有切身的体会），由此导致的心理健康问题会对教师的工作和生活状态带来一定的负面影响。近些年来，心理卫生和教育科研工作者对教师的心理健康状况开展了许多专项研究，使得我们对教师队伍的心理健康总体状况和教师人群中存在的心理健康问题形成了初步认识。一些研究还分析探讨了教师心理健康问题的成因与对策，对于教师提高自身的心理健康素养很有借鉴价值。

教师心理健康的总体状况

每年都有大量关于教师心理健康状况的研究文献刊载或出版。教师心理健康状况研究一般采取心理测评和问卷调查的方法。这两种方法基本都采用教师自我陈述的方式，由教师本人根据测验或问卷的题目内容来报告自己的心理健康状态和问题。由于测查样本、工具和标准的不同，不同的研究结果存在一定的差异。但是我们还是能够从中了解和发现教师心理健康问题的基本状况。

许多研究采用了心理健康综合评定工具来测查教师的心理健康状况。早期研究可以追溯到20世纪90年代。上海市小学教师心理健康问题研究课题组采用国际通用的《症状自评量表》(SCL-90),历时近3年时间,测查了上海市100余所小学3055名小学教师的心理健康状况。测查结果表明,上海市小学教师的心理健康问题检出率为48%,其中12%的小学教师存在明显的心理症状,2%的人存在较为严重的心理疾病①。需要指出的是,该研究所采用的所谓"检出率",是指测试样本在SCL-90中至少有1个问题因子得分超过2分的人数比例。这种情况多属于轻度的心理不适或亚健康状态,不属于心理障碍或疾病。因此在解读心理健康测查结果时应特别注意辨别这些不同的概念,只有这样,才能对教师人群的心理健康状况形成正确和清晰的认识。此外该研究还发现了一些群组差异,郊区教师的心理健康状况明显差于市区的教师,女教师的心理健康问题比男教师要严重许多,老年女教师和青年男教师存在的心理健康问题比较突出,语文、算术和外语等主课教师的心理健康问题较音乐、美术和体育教师更为严重一些。尽管当时对这一测查结果存在一定争议,教师心理健康问题的严重性还是引起了教育、心理以及管理部门的高度重视。此后,关于教师心理健康问题的实证研究逐渐增多了。

另一项被广泛引用的研究是对辽宁省14个地市、168所中小学的2292名教师进行的抽样测查。该项研究同样采用了《症状自评量表》(SCL-90)。测查结果表明,有51.23%的教师存在心理问题,其中32.18%的教师属于轻度心理障碍,16.56%的教师属于中度心理障碍,2.49%的教师已构成心理疾病。从分布态势上看,小学教师的心理健康问题最为突出,其次是初中、高中。城市教师心理健康水平高于乡村教师,男教师心理健康水平高于女教师②。该项研究并没有报告不同程度心理健康异常问题的筛选标准,同时混淆了"心理问题"和"心理障碍"这两个关键性概念,在一定程度上夸大了教

① 高峰,袁军. 上海市小学教师心理健康现状调查[J]. 上海教育科研. 1995(3):40-45.
② 王加绵. 辽宁省中小学教师心理健康状况的检测报告[J]. 辽宁教育. 2000(9):23-24.

师心理障碍的发生率。该项研究结果后来被许多文献广泛引用，甚至被曲解或误认为是一项全国性调查结果，反映出某些科研人员对心理健康研究的不严谨和不科学态度。不过该研究认为将近三分之一的当地教师存在轻度的心理健康异常问题，这一结论还是基本可信和可靠的，说明中小学教师心理健康的状况还是比较令人担忧的。

在针对教师人群心理健康状况的问卷调查中，由中国人民大学公共管理学院和新浪教育频道联合举办的2005年中国教师职业压力和心理健康调查规模比较大，参加调查的人数比较多。该项调查的取样来自全国各省份和地区，当年约有9000名教师填写了调查问卷。调查结果表明，有38.50％的被调查教师的心理健康状况不佳，只有28.80％的被调查教师心理健康状况比较好①。这里所说的“心理健康状况不佳”，只是根据几种心理健康异常问题得出的，并不具备临床诊断意义。此外，该项调查采用网上自愿匿名填写的方式收集数据，只调查上网的教师，并不具备很好的代表性。调查样本主要集中在几个大城市和发达省份，样本数据的分布不是十分均匀，这也是网上调查研究存在的主要缺陷和问题。不过该项调查还是为我们提供了一个非常有价值的信息，即大城市教师人群中心理不适的比例是比较高的，需引起教育主管部门的高度重视。

其他一些地区也相继开展了教师心理健康状况的调查研究。广州市天河区在举行的一次心理保健讲座上，用心理健康量表对在场教师进行测试，结果显示，31.51％的教师有轻度心理障碍，12.37％的教师有中度心理障碍，21％的教师已构成心理疾病，69％的教师感到压力很大，嫉妒情绪、焦虑情绪的出现也比较高。杭州市教科所对市区30所学校的近2000名教师进行的心理健康状况调查表明，有13％的教师存在心理问题，76％的教师感到职业压力很大，其中男教师的压力大于女教师，毕业班的教师和班主任压力大于非毕业班和非班主任教师。北京市对500余名中小学教师的调查显示，近60％的教师觉得在工作中烦恼多于欢乐，70％的教师有时忍不住要生气发火，教

① 新浪教育. 教师生存状况调查报告［EB/OL］.（2005-09-09）［2010-09-09］. http://edu.sina.com.cn/l/2005-09-09/1653126583.html.

师中普遍地存在着烦躁、忧郁等不良情绪[①]。

许多研究认为教师人群比普通人群的心理健康状况要稍差一些。不过到目前为止，在这方面并没有可以采信的权威性研究成果。主要原因是我们对教师人群心理疾病（等同于精神障碍）的发病率缺乏准确的估计和流行病学调查。目前，我国各类精神障碍患者已超过8300万人[②]，普通成年人群精神疾病的患病率约为7%。如果将上述关于教师心理健康状况的研究结果与普通人群作个简单比较的话，我国教师人群的心理健康状态并不乐观。

教师心理健康的异常问题

工作倦怠是目前教师人群中存在的突出的心理亚健康问题。工作倦怠是个体因为不能有效地应对持久高强度的工作压力，而产生的一种长期性情绪、心境和行为反应。突出表现是价值感和成就感丧失，觉得自己干的事情没意思；情绪低落，做什么事情都兴奋不起来；去个性化，不愿意和人打交道，对工作缺乏冲劲和动力。新浪网的调查结果表明，在工作倦怠的三项重要指标中，一项（含一项以上）倦怠指标出现问题的教师占调查教师人数的86%，达到了轻微工作倦怠的标准，说明绝大部分被调查教师至少出现轻微的工作倦怠；两项（含两项以上）倦怠指标出现问题的教师人数占调查教师人数的58.50%，也就是说近60%的被调查教师出现了中度的工作倦怠；三项倦怠指标均出现问题的教师占调查教师人数的29%，说明接近30%的被调查教师处于高度工作倦怠状况。虽然网上调查的代表性和真实性存在一些问题，但这项调查反映出的教师心理倦怠的严重程度还是比较令人担忧的。

许多调查研究还发现，适应障碍、人际交往障碍、躯体化障碍和人格障碍等是教师人群中存在的主要心理健康异常问题。

适应障碍主要体现为对岗位和角色的适应不良。一些年轻教师对教师角

---

① 郑国中，王云娟．教师心理健康引起社会关注［EB/OL］．（2003-04-16）［2010-09-09］．http://www.legaldaily.com.cn/bm/content/2003-04/16/content_24143.htm.

② 金国章等．我国应加强严重精神疾病的前沿研究［EB/OL］．（2006-06-22）［2010-10-09］．http://www.cas.cn/ys/ysjy/200606/t20060622_1689032.shtml.

色及其工作任务不能很好地适应，还有一些教师不能很好地适应社会转型时期教师角色和职能的转变，在职业期待与现实情况出现反差的情况下，内心容易产生焦虑、失眠、情绪低落等症状。一部分性格比较敏感的教师面对工作岗位的变化，如学校迁移、合并或撤销，从普通年级到毕业班级的轮换，学校或直接领导的交替等，自身不能很好地发生适应性的转变，容易产生一定应激反应，表现为情绪不高，丧失兴趣，无助感，焦虑不安等。这提示我们在学校环境发生显著改变的情况下，要特别注意教师的适应性问题。

人际交往障碍是教师人群中存在的一个主要心理异常问题。调查研究发现，教师除了在校内因工作关系发生的师生和教师之间的交往外，很少与他人发生经常性的往来。这可能与教师的职业特点有关。由于上班早，放学晚，班级教学相对独立等原因，许多教师缺乏与他人交往的时间，也缺乏与人交往的方法和技能。长时期的人际封闭或隔绝，容易使教师产生退缩、逃避、敏感、疑虑等行为和情绪异常情况，导致不同程度的人际交往障碍或倾向。

躯体形式障碍是中青年教师普遍存在的心身问题。由于工作时间长，压力持久，精神上和身体上紧张在短时间内得不到有效的放松和缓解，一些教师时常感觉到头痛、心悸、胸闷、腹胀、四肢麻木、无力、咽部梗塞等躯体性不适，同时常伴有焦虑、失眠、抑郁等情况。但经临床检查后并无发现任何器质性病变。这种情况与教师的工作压力和人格特点有关。某些教师的压力耐受性比较低，性格中存在敏感、疑虑、过于关注自我的特点，容易将心理问题以躯体化的形式表露出来。当然，也有相当一部分教师由于工作任务繁重等原因的确患有某些躯体病症。关键是出现身体不适之后，要及时就医检查。如果不属于身体疾病，就应该进行心理健康方面的干预和治疗。

教师人群中也有一些人格障碍或人格缺陷的病症。比如强迫型人格障碍和偏执型人格障碍。前者主要体现为追求完美，拘束畏缩，做事情瞻前顾后，怕冒风险，怕作决定；后者主要表现为对同事和领导猜疑、敌对、心胸狭窄、自尊心过强，遇到挫折或遭受批评时容易结仇而不宽恕，将原因归咎于外界环境或认为其他人别有用心，爱提意见，总有不满。此外，像慢性焦虑、强迫症、抑郁症等心理障碍在教师人群中也有少数病例发生。由于人群和职业特点的关系，教师在遇到工作挫折和心理不适的时候，往往不愿意寻求社会支持，对专业干预也心存疑虑，往往埋在心里，独自承受。长此以往，心理压力的积累加上精神的高度、持久紧张，必然会对心理健康造成损害。因此，关注教师的心理健康，不仅要靠社会和媒体的介入，更重要的是教师和学校要给予足够的重视和恰当的认识。

教师心理健康问题的应对

——提高自身的心理健康素养

应对心理健康问题的首要环节就是要提高教师自身的心理健康素养。提高教师的心理健康素养，不但是维护教师心理健康的重要基础和前提，也是在学校开展心理健康教育和辅导的重要保障。学校和教师不但要培养学生健全的人格和良好的心理品质，还要对少数有心理困扰或心理障碍的学生，给予科学有效的心理咨询和辅导，使他们尽快摆脱心理困扰，增强自我调节，提高心理健康水平，增强自我教育能力。要实现学校心理健康的各项目标和要求，就需要广大教师提高自身的心理健康素养，掌握必需的心理健康辅导专业知识和技能。

由于心理健康知识在我国尚未普及，人们对心理健康问题还没有形成科学认识，主动接受临床干预还是非常敏感和隐讳的事情，在常规工作和生活状态下，以上一些心理干预手段的实施和推行会遇到相当的阻抗。提高教师心理健康素养的另一个重要作用就是降低广大教师接受心理健康干预的敏感性，提高自知力和主动性。一旦人们意识到心理健康异常不再神秘，不再忌讳，接受心理健康辅导或治疗的主观意愿就会得到加强；一旦对心理健康异常的发生原理和症状表现有了基本认识和把握，就会树立和增强保持心理健康的意识和信心，也会有助于心理健康异常的识别和预防。

——采取科学的应对方式

保持心理健康和应对心理健康异常需要采取不同的应对方式。在心理健康状态下，教师可以通过积极心理的塑造，负面情绪的调节，认知与行为方式的调整，有效地预防心理健康异常。也就是说，在保持心理健康过程中，个体的自我调节将发挥重要作用。但是如果出现了心理健康异常问题，单靠个人的努力就不够了，尤其是遇到较为严重的心理障碍时，主动寻求外界的专业干预是首选策略。在一般的专业治疗中，心理治疗和药物治疗是缓解和消除心理障碍的主要途径。对于许多焦虑或抑郁症状明显的心理健康异常问题，药物治疗是非常重要和有效的。药物可以有效地控制躯体症状（如心悸、抖动、呼吸困难等）的发生和发展，对异常问题的控制形成积极的强化，使当事人树立战胜心理障碍的信心，加速或缩短康复过程。许多人面对心理障碍时，总是回避药物治疗，觉得心理障碍就是要依靠心理治疗。对于存在躯体症状和严重应激反应的人，心理治疗也能发挥很好的作用，但往往治疗时间较长。因此，将药物治疗和心理治疗结合起来，应该是应对心理障碍的有效方式。

除此之外，建立和维持有效的社会支持系统对于保持心理健康、应对心理问题也非常重要。在日常工作和生活中，需要与自己的亲人、同事和朋友保持经常性的往来，建立和谐的人际关系。一旦心理健康出现问题，良好的社会与人际关系将对心理健康的康复发挥重要作用。对于一些心理障碍或精神疾病（如抑郁症）来说，必要的社会支持是患者摆脱病症的重要途径。面对周围出现心理问题的同事或朋友，我们也应该主动伸出支持的双手，帮助他们度过心理的难关。因此，个人调节、专业治疗和社会支持是我们应对心理健康问题的三大重要方式。面对不同问题，需要采取不同手段。

——纳入学校心理健康教育

一般认为学校的心理健康教育主要是以学生为主体，教师的心理健康问题并没有纳入学校的心理健康教育体系。但是在学校情境中，无论是中小学还是高校，教师和学生之间都存在着非常紧密的互动关系，学生的心理健康教育大多由教师来实施。教师的心理健康素养和心理健康状况对学生的人格养成和健康成长有着直接的影响。我们不能认为个别教师的心理健康状况不佳，就一定会影响学生的素质教育和培养。但是如果教师的心理健康状况普遍存在问题，或者教师心理健康的整体素养不高，无疑会对学生的心理健康和素质教育带来负面影响。因此，非常有必要将教师的心理健康问题纳入学校的心理健康教育体系。学校的心理健康教育应该针对教师的职业特征和心理健康问题的特点，有针对性地开展面向教师的心理健康干预活动，如专家讲授、团体互动、心理辅导等。在制定学校心理健康教育的工作目标时，也应将教师的心理保健问题纳入其中。

——引入员工心理援助系统

所谓员工心理援助系统，在企业心理健康服务领域称为“员工援助计划”(Employee Assistance Programs，简称 EAP)，是一种基于组织或机构的心理援助方案，由专业机构和人员向组织或单位提供定向的外包服务。建立员工援助系统的组织或机构，其员工及其家庭成员发生任何心理与行为方面的不适或问题时，都可以向专业机构寻求帮助和服务。这样就可以大大缓解各种心理或行为问题对员工工作和生活状态造成的负面的干扰和影响，提高员工的工作效率和健康水平。EAP 最早起源于美国，发端于企业。鉴于其对组织效能和员工健康的积极作用，EAP 已在许多西方国家的政府组织和机构中得到广泛运用。从 2004 年开始，上海市徐汇区、山东省潍坊市等地的政府机构尝试将 EAP 引入组织中，为公务员提供心理援助服务，取得了比较好的成效。但在学校和教育领域，员工心理援助系统还鲜见应用。

在学校情境中引入员工心理援助系统作为教师心理健康干预的重要手段或途径，具有一定的优势和有利条件。教师是一个较为特殊的人群，具有鲜明的职业特点。由于职业压力持续存在，大多数人从事的是重复性脑力劳动，因此在教师人群中容易出现心理健康问题。尽管与其他职业人群相比，教师的心理健康素养可能相对更高一些，但是受传统文化和社会环境的影响，广大教师对专业和临床的心理健康干预同样十分敏感。由于工作压力大等原因，一般情况下教师也难得有机会在任教期间去寻求心理健康辅导和咨询。在学校情境中引入心理健康援助，不同于在医院或临床机构接受心理治疗，同时专业人员又是来自工作单位之外，而且更多的是提供远程的心理咨询服务，可以降低广大教师对心理健康问题的敏感和阻抗，增强主动接受心理援助的意识和意愿，为遇到心理健康异常问题的教师提供很好的专业服务和社会支持。此外，学校和教师可以充分利用寒暑假期间的休息时间，集中开展心理援助的辅导课程或心理咨询。通过心理援助系统，教师还可以配合心理辅导员，就学生的某些心理健康问题向专业机构和人员寻求帮助，提高学生心理健康的干预水平。

开展教师的心理援助，单靠学校来组织实施可能具有一定的难度。现阶段比较可行的方式是由教育管理部门或教师培训机构来组建教师的心理援助系统，同时为特定区域或系统的学校及教师提供心理健康的专业服务。有条件的学校也可以充分发挥专职心理辅导员的作用，使其成为学校和 EAP 专业服务机构之间的纽带和桥梁，利用自己的专业知识和技能，为教师的心理健康提供必要的支持和帮助。

教师的心理健康教育职能

教师的心理健康问题与学校的心理卫生工作有着非常密切的关系。提高教师的心理健康素养，不但是维护教师心理健康的重要基础和前提，也是学校开展心理健康教育和辅导的重要保障。心理健康教育是增强中小学生心理素质的重要方面，是开展素质教育的重要内容。学校和教师不但要培养学生健全的人格和良好的心理品质，还要对少数有心理困扰或心理障碍的学生给予科学有效的心理辅导，使他们尽快摆脱心理困扰，提高心理健康水平，增强自我教育能力。要实现学校心理健康教育的各项目标和要求，广大教师首先要提高自身的心理健康素养，掌握必需的心理健康知识和技能，对学生和同事开展心理健康教育。

2002 年，教育部制定了《中小学心理健康教育指导纲要》，明确了学校心理卫生工作的指导思想、基本原则、目标任务、主要内容、途径和方法等。提出要重视教师心理健康教育工作。要为教师学习心理健康教育知识提供必要的条件。要关心教师的工作、学习和生活，从实际出发，采取切实可行的措施，减轻教师的精神紧张和心理压力，使他们学会心理调适，增强应对能力，有效地提高心理健康水平。还要积极开展心理健康教育的教师培训。

2008 年，卫生部等 17 部委颁布了《全国精神卫生工作体系发展指导纲要

(2008 年—2015 年)》，提出的工作目标是，在中小学建立心理健康辅导室、设置专职教师并配备合格人员的学校比例，到 2010 年城市达到 40％、农村达到 10％；2015 年城市达到 60％、农村达到 30％，确定了今后我国心理卫生工作体系的建设目标，将学校心理卫生工作作为全国心理卫生工作体系的重要领域。提出开展心理健康教育的学校比例，2015 年城市要达到 85％、农村要达到 70％。强调坚持预防为主，提高开展心理健康教育、心理健康指导、心理行为问题预防和心理危机干预工作的能力。[①] 两个纲要的制定和实施，为在学校中开展面向学生的心理卫生工作指明了方向。

很显然，实现两个纲要的基础是校内教师要具备良好的心理健康素养，掌握必要的心理健康辅导技能，帮助学校履行好心理卫生的工作职能。在短时期内，单独依靠校内专职的心理辅导员还无法有效、全面地开展针对学生的心理健康教育。教师要了解和知晓《中小学心理健康教育指导纲要》的工作目标、主要任务、教育内容、途径与方法和组织实施，协助专业人员开展针对学生的心理健康教育。

本讲小结

尽管工作压力和社会角色使得教师背负了更多的精神负担，一些零散的、局部的研究也证实教师队伍中存在相当程度的心理健康异常问题，但是目前还没有任何证据表明教师的心理健康状况比其他人群差，这是一个应该坚持的基本认知。教师面临的心理健康问题主要还是工作倦怠，这可能与教师长期从事重复性的脑力劳动、工作负荷与强度比较高、缺乏有效的社会心理支持等因素有关。教育管理部门、学校及教师都应该更多地关注倦怠导致的生活质量下降和心理健康异常。可以通过建立员工援助体系（EAP）对教师人群中存在的心理健康异常进行早期干预。主动寻求外界支持也是教师们应该重点考虑的自主干预措施。

---

① 卫生部. 全国精神卫生工作体系发展指导纲要［EB/OL］.（2008-01-30）［2010-10-09］. http://www.moh.gov.cn/open/web_edit_file/20080130131826.doc.

第三讲　心理健康异常的发生机制

当一个人的内在机制不能实现其功能，并且严重侵害由社会价值和意义界定的个人幸福感时，我们说障碍存在。①

——威克费尔德

面对生活和工作中的冲突和压力，有的人沉着应对，情绪稳定，有的人紧张慌乱，焦虑不安，也有个别人精神崩溃，退缩不前。为什么会有这么大的个体差异呢？这就要从心理健康异常的发生机制说起。

影响心理健康的因素是非常复杂的。因为心理健康本身就非常复杂。从心理卫生和精神医学的研究来看，心理健康的各种影响因素与心理健康异常之间至少存在三种影响关系。第一种是因果关系，即这些因素是特定心理健康异常（尤其是心理障碍）的致病因素；第二种是关联关系，说明影响因素同心理疾病之间存在某种联系，但不一定是因果关系，不能肯定是前者导致了心理健康异常的发生；第三种是果因果关系或互为因果关系，是指某些心理健康异常的症状表现包含了某些负面情绪或行为，这些不良的情绪和行为反过来又加速了病情的发展或恶化，在这里，心理因素同心理疾病构成了一定程度的互为因果关系。因此，心理健康的影响因素是复杂的。在许多情况

① M. 艾森克. 心理学——一条整合的途径［M］. 上海：华东师范大学出版社，2000：843.

下各种因素与心理疾病交织在一起，难以辨别。到目前为止，许多心理障碍的确切的病因还在研究之中。以下提到的心理健康的各种影响因素，不一定就是某些心理健康异常的致病因素或病因。

影响心理健康的基础性因素

基础性因素不是心理健康异常的直接原因。同样的生活或工作压力，同样的突发生活事件，有的人能够从容应对，时过境迁，事过境迁，但有的人却难以承受，出现心理异常。这在很大程度上与个体的基础性因素有关。

——生物学因素的影响

首先是遗传因素。精神医学的研究已经证明，某些心理健康异常，如精神分裂症、抑郁症、人格障碍等与遗传因素存在关联。双生子研究表明，在精神分裂症上，同卵双生子具有很高的共同发病率。心境障碍（包括抑郁症）单卵双生子的同病率也远远高于双卵双生子的同病率。需要说明的是，遗传因素往往是与环境因素共同发生作用的。遗传因素对心理健康的影响在很多情况下也受到环境因素的影响和作用。

性别和年龄因素与心理健康异常也存在一定的关联。焦虑症、抑郁症、精神分裂症等的患病率皆存在一定程度的性别差异。儿童的心理发育受到各种因素的影响或阻碍，心理发育不能达到相应的年龄水平，会出现心理发育障碍。也有一些特发于儿童和青少年时期的情绪与行为障碍，如分离性焦虑障碍、社交恐惧症、抽动障碍等。以上这些因素多与社会、心理因素相互联系，共同作用。

——个体心理因素的影响

人格特征与心理健康异常的关系是存在的。尽管一般认为人格特征并无好坏、优劣之分，但对于个体的心理健康而言，的确存在积极的人格特征和消极的人格特征。人格是个体在日常生活中表现出的稳定的情绪和行为特征。比如乐群率真的人和孤僻疑虑的人相比，更容易远离心理异常。某些特定的人格类型与特定的精神障碍也存在易感关系。比如所谓 A 型性格的人，具有低安全感、高责任感的典型特征，易紧张焦虑，是强迫症和心脑血管疾病的易感人群。人格特征类型与心理健康异常之间的相互关系，多与对应激事件的认知和反应不同有关。也就是说，具有特定人格特征的人更容易对应激事件产生不合理的认知和反应，从而导致情绪的波动和变化。此外，个体的人格特征如果偏离社会正常人群的价值标准而无法适应正常的社会生活，也会出现人格障碍等异常问题。临床上就有分裂性人格、强迫性人格、抑郁性人格的异常人格特征，这些都是特定精神障碍的人格基础。

个体的认知评价与心理健康也有关系。一般认为，对现实的习惯性歪曲理解可以成为心理障碍的致病基础。对事物的评价结果会影响个人的态度和情感。比如，经常对自己和别人作出消极评价的人，容易产生压抑、悲观、抑郁的情感或心境，对心理健康非常不利。理想化的认知风格往往让人追求完美，精益求精。当这种完美认知与现实中的遗憾或不足发生冲突时，容易产生紧张、焦虑、急躁的情绪，从而为心理健康异常埋下隐患。此外，家庭教养方式、受教育经历、社会经济状况、文化宗教背景等社会因素也都与心理健康存在一定的关联。这些因素都反映或投射在个体稳定的心理与行为方式中，成为日后影响心理健康的基础性因素。

一般认为，体质弱就有生病的基础或可能。避免心理健康异常，首先要增强我们的“心理体质”，增强应对和对抗心理健康异常的抵抗力和免疫力。因此，培养积极的个性特征和认知方式是提高心理健康素养、保持心理健康的重要基础。

影响心理健康的诱发性因素

尽管我们个体中性格特征、生理基础和行为方式中的某些弱点，可能是导致或影响自身心理健康异常问题的基础性因素，但这些因素不一定必然引发心理健康异常。心理疾病或心理障碍的产生往往与一些诱发性因素有关。换句话说，某些诱发性因素在一定程度上是心理健康异常更直接的影响因素，其中主要包括生活事件、长期压力、器质性病变等因素。

——生活事件

生活事件与心理健康异常的发生发展存在密切关系。所谓的生活事件，是指对人的心理甚至生理产生明显影响的重大的或突发的事件。比如正性的生活事件包括结婚、生育、晋升、子女升学等，负性的生活事件包括离婚、分居、亲人亡故、本人重病、突发灾害、意外伤害等。还有一些中性的事件，如移居，留学、转岗等生活和职业环境的重大改变。无论是积极的、中性的还是消极的生活事件，都会对心理健康产生不良影响。临床研究表明，生活事件已成为许多心理障碍的诱发因素。其原理在于，虽然生活事件本身不会直接导致心理障碍，但是生活事件常常导致个体产生应激反应（一种心理和生理的高度紧张状态）。而应激反应与心理障碍的发生和变化有着直接或间接的关系。比如四川汶川地震之后，许多人产生了创伤后应激障碍。临床研究也表明，许多心理障碍都可以追溯到特定生活事件。因此在重大生活事件发生以后，无论是好事还是坏事，我们都要特别注意作好心理异常的防范，通过情绪和身体的放松，尽量平复易波动的情感和情绪。

——长期的压力

与突发性或一过性的生活事件不同，来自职业和生活的压力是一种长期的影响因素。主要包括职业压力和生活琐事。一般认为，心理健康异常与长期的职业和生活压力存在很大关联。因为职业压力也是个体应激反应的重要来源。长期背负繁重的工作负荷和精神压力可以使人的心理和生理发生异常变化，如情绪的波动，行为的异常，认知的改变和躯体的反应等。

日常琐事是指日常生活中发生的各种例行或偶发的小型事件，如日常家务，人际冲突，交通堵塞，遗失物品等。这些事件容易被人忽视，但也会使人产生压力感。虽然日常琐事造成的压力强度比不上重大生活事件，但它往往可以改变人的心境，并且长时间、一点点地侵蚀人的身心健康。如果日常琐事处理不好，也会放大和演变成严重的压力事件，成为影响心理健康的重要因素。

——器质性的病变

感染、创伤、躯体疾病等器质性因素与心理健康异常存在密切关联，有些甚至是致病因素。神经系统的创伤和感染可导致严重的精神和行为障碍。如慢性脑膜炎等疾病对儿童的精神发育和发展会产生重要影响。大脑内的某些生物化学物质发生变化时，也有可能产生心理障碍。内脏器官等躯体疾病也会伴有或产生某些特定的精神异常症状。

精神活性物质（成瘾物质）与生物学和社会心理因素相互结合，能够改变人类的情绪、行为和意识状态，由此产生的依赖和戒断反应状态是一种特殊的心理生理症状，伴有明显的精神异常。

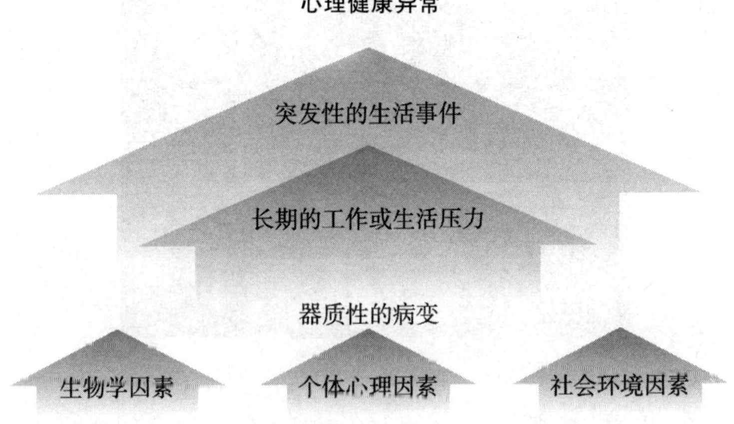

图 3-1　心理健康异常的影响因素

心理学对心理健康异常的解释

——传统心理学的观点

心理学关于心理健康异常发生机制的研究由来已久，这些研究逐渐形成了对人类人格的本质和人类行为原因的基本认识。在一定程度上，20 世纪的心理学是为了解决人们的心理健康异常问题而产生并不断丰富发展的。由于传统心理学都是与人类的心理异常问题打交道，因此有人将传统心理学称为消极心理学。在众多的心理学理论中，精神分析学说、行为主义理论、人本主义学说、认知学派等四大心理学流派对人类心理健康异常的由来和治疗做出了不同的解释。

精神分析理论对心理健康异常的解释。我们许多教师在读师范的时候都看过希区柯克的电影《爱德华医生》，这是一部专门介绍精神分析疗法的心理电影。男主人公约翰·布朗是一个被童年期的一次可怕经历困扰的失忆症病人，女主人公用精神分析法帮他回忆起隐藏在记忆深处的真相，使他彻底摆脱了噩梦。精神分析理论认为个体的心理异常是压抑在潜意识中的痛苦记忆和心理冲突所造成的。

图 3-2　电影《爱德华医生》剧照

资料来源：电影《爱德华医生》截屏，引自 http://movie. douban. com/photos/photo/547291533/

奥地利精神病医生弗洛伊德（S. Freud）第一次对神经症等心理障碍和疾病的病因进行了心理学的探讨。他把人的心理活动划分为意识、前意识和无意识三个部分。无意识又译成潜意识。这个词有两层含义：一是指人们对自己的一些行为的真正原因和动机不能意识到；再就是指人们在清醒的意识下面还有潜在的心理活动在进行着。作为后一种含义的无意识之中包含了各种为人类社会伦理道德、宗教与法律所不能允许的原始的、动物性的本能冲动以及与各种本能有关的欲望。这些无法得到满足的感情经验、本能欲望与冲动是被压抑到无意识之中的，但它们并不肯安分守己地待在那里，而是在无意识中积极地活动着，不断地寻找出路，追求满足。前意识介于意识与无意识之间，其中所包含的内容是可由无意识召回到意识部分中去的，即其中的经验通过回忆是可以记起来的。其中的观念可以说暂不属于意识，但随时能够变成意识。意识是人本身能够直接体验到的心理部分，是一个人心理活动的外显部分。弗洛伊德曾做过这样的比喻：他认为心理活动的意识部分好比冰山露在海洋面上的小小山尖，而无意识则是海洋面下边那看不见的巨大的部分。

无意识之中的各种本能冲动或动机、欲望一直都在积极活动之中，有时还很急迫，力求在意识的行为中得到表现。但因其是为社会道德、宗教、法律所不能允许的冲动，所以当其出现时就会在意识中唤起焦虑、羞耻感和罪恶感，因此，意识会加以抵抗，进行压抑。弗洛伊德认为无意识的动机都是向上运动的，向外推的，而意识却是以相反的力量，向下、向内紧压。这就是被称之为压抑的现象。压抑的功能是把主体的经历和回忆、各种欲望和冲动保存和隐藏起来，不让它们在意识中出现。但这些东西并未消失，而是一直潜伏着、活动着，在压抑的作用下存在于无意识之中。

弗洛伊德认为，病态的压抑可能导致心理疾病，表现为各种类型的神经症和精神病。他还认为，精神疾病是由于被压抑到潜意识中的心理冲突造成的。正是由于当事人意识不到的潜在心理动力影响着他的外部行为，所以强迫症、恐惧症等神经症患者表面荒谬不可理解的行为，实际上都有其隐意，只是自己觉察不到而已。精神分析就是要找出病人潜意识中的症结，使之意识化。

在经典的精神分析理论基础之上，荣格（C. G. Rong）的新精神分析理论对心理治疗的理论发展也做出了巨大贡献。新精神分析理论主张从社会、文化因素和人际关系的新视角去说明人类焦虑、内在冲突、心理危机、精神疾病产生的原因，把改善文化、社会条件和人际关系等因素提到了咨询原则的首位，明显地突出了尊重、相信人类自己有能力克服冲突、挫折的人本主义和乐观主义的精神。

行为主义理论对心理健康异常的解释。行为主义心理学的创始人是美国霍布金斯大学的华生（J. B. Watson）教授。华生很早就利用应答性条件作用的知识进行实验，他曾使一个本来喜欢动物的11个月的男孩对白鼠产生恐惧的反应。其做法是每当这个男孩伸手要去抚摸白鼠时，实验者就在他背后猛击铁棒。经这样几次的结合之后，每当白鼠出现，这个男孩就会哭闹，出现惧怕的表现。此后又进一步发现这个男孩的这种反应又泛化到其他白色有毛的动物身上去了，本来他并不害怕的对象，如兔子、狗、有毛的玩具等，现在看到后也发生了恐惧或消极的反应。由此行为主义心理学认为，心理健康的异常多是习得的后天反应，因此也应该采用条件反射或行为学习的方法加以治疗。

行为学派的理论基础是巴甫洛夫的条件反射原理。经典条件反射原理也试图对条件反射与人类异常行为之间的关联做出解释。巴甫洛夫（H. II. IIABJIOB）曾观察到如果使狗学会看见椭圆形时流唾液，而看见圆形时不流唾液，以后把椭圆形逐渐变圆，使椭圆形越来越接近正圆形，狗就发生辨认困难，此时狗竟会出现精神紊乱、狂吠、哀鸣并撕咬仪器等行为。这被认为是狗发生了“神经症”症状。其他实验研究也表明，伴有强烈情感和情绪的许多过敏反应，如抑制不住的脾气爆发，内脏的反应等都可以理解为是习得的条件反应。有许多心理健康辅导与行为治疗家提出，对包括神经症和精神病在内的许多人类的适应不良行为都可以用这种方式来理解和治疗。

美国心理学家班杜拉（Bandura）提出的社会学习理论又称模型模仿论。社会学习理论认为，人们的大量行为都是通过模仿而习得的。如儿童看到成人或电视中的攻击行为，自己就会变得富有攻击性；疑病症的儿童多来自特别关注疾病的家庭等。即模仿能够有助于人们学会很多重要的技能，但也可能会在习得异常行为方面起作用。

人本主义和认知理论对心理健康异常的解释。我们都知道马斯洛（A. H. Maslow）提出了著名的需要层次论。将人本主义思想用于心理健康异常的解释和治疗则源于罗杰斯（C. Rogers），他提出的以人为中心的咨询心理学是当今世界咨询心理学界中影响最大的学派之一。罗杰斯认为，当机体的体验和自我概念之间出现不一致的时候，个体的心理就会处于紊乱和不协调状态，简单的问题也有可能导致严重的失调，造成情感和理智的脱节，这就是产生焦虑的根源。罗杰斯认为，以来访者为中心的心理健康辅导过程，是通过建立良好的辅导关系，减轻来访者的内心压力，使其不致于歪曲或拒绝与自我概念不一致的体验。

认知理论流派的代表人物是贝克（A. T. Back）和艾利斯（A. Ellis）。他们认为，一个人的不合理或非理性的思想和信念是引起其心理问题的根源。贝克把人们在认知过程中常见的认知歪曲或非理性观念归纳为任意推断、以偏概全、过度引申、夸大或缩小、极端性思维等形式。认知理论认为，认知过程是行为和情感的中介，适应不良的行为与适应不良的认知有关。心理辅导的作用就是与当事人共同找出这些不合理认知，并提供学习或训练的方法，矫正这些非理性观念，使当事人的认知更接近现实与实际，恢复内心的平静。

——积极心理学的观点

经典的心理健康辅导与治疗理论主要针对已发生的心理健康异常问题。诞生于20世纪末的积极心理学更看重的是挖掘和发挥人性中的积极因素，强调有效预防心理健康异常的出现和发生。与传统心理学不同的是，积极心理学更为关心人的积极的主观体验，主要探讨人类的积极体验、幸福感、满意度等问题，鼓励人们学习和形成积极的心理特征，如爱、自信和宽容，快乐地学习和工作，积极地看待世界等。尽管积极心理学的正式诞生要晚于积极心理治疗理论，但是积极心理治疗的理论基础是与积极心理学一脉相承的。

积极心理治疗的代表人物是德国人诺斯拉特·佩塞施基安（Nossrat Peseschkian）博士，他是一位神经科专家，1933年生于伊朗，1954年定居德国。佩塞施基安认为，人的心理疾病或症状，从不同的文化和观点来评估，会得出许多不同的认识体系和治疗方法。传统的心理治疗大多是从心理疾病和异常问题出发，把患者看成疾病的载体，让病人感到自卑、沮丧，因此是一种消极导向的心理治疗。积极心理治疗与传统心理治疗的最大区别在于，它并不看重患者身上存在的问题和紊乱，而是将注意力集中在病人自身的各种能力和潜能上，通过对个体能力和潜能的重新认识和评估，使患者形成积极的认识，调整消极的心态，充分发挥自身现实能力的作用，从正面战胜心理疾病。由此可见，积极心理治疗与积极心理学思想有着密切关系，不过积极心理治疗的实践活动要早于积极心理学理论的产生。

佩塞施基安是这样简单而形象地介绍传统心理治疗和积极心理治疗的①：

病人——不单单是心理病人——的状况，在许多方面就像个长时间单腿站立的人的状况。经过一段时间以后，这个单腿站立的人的肌肉发生痉挛，负担过重的那条腿开始疼痛。他几乎不能继续保持身体平衡。以这种不寻常的姿势站立，不仅负担过重的那条腿疼，就连全身的肌肉也都开始紧张和痉挛。这个人受不了这份罪了，叫喊着向人求助。

在这样的情况下，他碰到了各种帮助他的人。

这个人继续单腿站立。一位帮助他的人开始为他站累和痉挛的腿按摩；另一位帮助他的人则选定了他痉挛的颈部，并且一本正经而又小心翼翼地揉搓起来；第三位帮助者看到这个人的身体马上就要失衡，于是伸出胳膊去支撑他。周围的人们中间有人建议这个人或许应该借助他的两只手，使自己不再觉得难以站立。一位聪明的老者则出主意说，这个人若是将自己同那些根本就没有腿的人相比，那么他就应该想到自己现在的状况其实是蛮好的。有个人赌咒发誓地劝他，他应该设想自己是一根羽毛，说他越是聚精会神这样想，他的痛苦就减少得越多。一位明白事理的老人好心地补充道："时候到了，办法就来了。"最后，有位旁观者朝这个受罪的人走去并且问他："你为什么只站一条腿呢？把另一条腿伸直并且站在上面。你本是有另一条腿的。"

这恰恰就是积极心理治疗。

和其他心理治疗流派一样，积极心理治疗也有其系统的理论基础。积极心理治疗理论主要包括以下内容。

积极的概念。积极心理治疗认为，对心理问题或症状的不同解释会对治疗带来不同的方向和结果。人们看待事物或问题的视角不同，会对问题的解决和症状的消除产生不同的影响。积极心理治疗强调运用积极的含义去认识和解释个体的心理症状，对这些症状重新进行评估，使得治疗者和患者本人都能积极地接纳存在的问题，从而更容易应对和消除内心的冲突和心理疾症。比如，传统心理治疗将"抑郁"心境解释为被动的情绪低落，积极心理治疗

① 诺斯拉特·佩塞施基安. 积极心理治疗：一种新方法的理论与实践［M］. 北京：社会科学文献出版社，2004：1-2.

将其解释为“能对冲突作出深刻的情绪反应”。形成积极的概念和解释是积极心理治疗的关键所在。积极心理治疗的这种做法能使人的心理更富有弹性，这种弹性心理具有更强的包容力和抗逆力，使人能够保持一种乐观开朗、积极向上的情绪状态，这对于心理健康问题的缓解和消除无疑具有很好的作用。

基本能力。积极心理治疗理论认为，每个人都具有两种基本能力：认知能力（知觉）和爱的能力（情感）。认知能力是基于对现实社会的认识而形成的守时、有序、整洁、礼貌、诚实、节俭等能力，这是个体为适应社会生活的客观需求而养成的社会性格；爱的能力是指个人性格差异派生出不同的耐心、时间、交往、信心、信任、希望、信仰、怀疑、确定、团结等能力，表现为个人性格在行为上的差异。

冲突的内容。由于每个人成长的环境不同，所受的教育和文化熏陶也不完全一样。当受到不同环境的影响时，个体的现实能力就会出现不协调或不一致，比如观念与行为间的不一致，个体与群体间的不一致，不同文化间的不一致等，这样就产生了冲突。冲突既可以表现在人的内心，也可以表现为人的外在行为或人际关系。现实能力是产生心理冲突和人际冲突的根本因素。佩塞施基安研究了在18种不同文化背景中对待冲突的不同处理方式，将冲突归纳为四种表现形式：

1. 躯体-感觉：以心身疾病或躯体症状的方式来反映冲突。许多疾病都是对现实的一种逃避，是对现实感到紧张、焦虑和不安等不良情绪的影响所致。疾病有助于缓解冲突。

2. 取得成就：以投入工作、取得成就来逃避和缓解冲突。一些家庭和婚姻生活出现问题的人往往在工作和成就中得到安慰和补偿。反之，卓有成就的人容易淡化内省的冲突和矛盾。

3. 人际交往：通过与家庭、朋友和社会群体建立关系来帮助自己解决冲突，同时建立良好的人际关系也有助于形成良好心境，缓解冲突造成的不适。

4. 憧憬未来：以直觉和幻想来超越现实，从幻想中缓解冲突，在想象中实现愿望。例如神话故事和文学作品，都是为了化解现实冲突而作出的想象和憧憬。

这四种冲突是积极心理治疗对心理疾病形成的病理解释。面对这些冲突和问题，积极心理治疗强调直觉和想象的治疗作用，通过使患者获得积极的认知能力和爱的能力，形成积极心态和情感体验，从而缓解和消除内心冲突。在实践操作中，积极心理治疗一般需要经历观察/保持距离阶段、调查阶段、处境鼓励阶段、语言表达阶段和扩大目标阶段。

积极心理学及其倡导的积极心理，为促进个体的心理健康和人类社会的健康发展提供了新的方向和途径，因为积极心理对于个体的心理健康异常具有很好的预防和免疫功能。积极心理学认为，我们人类个体的内部系统不只具有修正缺陷的能力，还具有自我塑造和积极发展的力量。传统的心理治疗主要关注心理病症的评估和应对，而积极心理更强调使个体能够利用其自身拥有的积极力量来抗衡心理病症的发生与发展。就像我们接种的各种疫苗一样，有了积极心理的免疫作用，可以在一定程度上抵御心理问题或疾病的发生。当然，积极心理的意义和作用远不止服务于人的心理健康。比如积极心理学倡导探索人类自身具有的美德和积极力量，如仁爱、宽恕、感激、智慧和乐观等，使人们更加关注人性的积极面和阳光面。无论是对哲学与心理学的研究，还是对人类本质与发展的认识，积极心理都蕴藏着巨大的潜力和能量。

教师心理健康问题的诱发因素

与其他职业人群相比，教师的心理健康问题不容乐观。除去个体因素之外，教师的职业特点和工作现状与心理健康问题也存在一定的关联。其中繁重的工作负荷、职业成就感缺失、社会支持贫乏等问题应是特别需要关注的、容易引发教师心理健康问题的主要因素。

首先是较重的工作负荷，尤其是教学一线的主课教师。备课，上课，批改作业，科研论文，职称晋升等，加上校际和班际学习成绩的竞争日趋白热化，教师承受的工作量和工作时间有增无减。长期的超负荷工作使得许多教师的身体始终处于亚健康状况，同时又背负着沉重的精神负担。这样的职业现状是导致教师心理健康问题的主要诱发因素。

第二是职业成就感的缺失。教师的职业特点是长时期从事重复性的脑力劳动，特别容易产生职业倦怠，所以许多教师的心理也处于亚健康状态。尽管教书育人是全社会公认的“高尚”职业，但与其他职业人群相比，中小学教师的职业成就感并不高。同样是大学毕业，与那些具有显赫的职务职称头衔或者显著的创新成果的职业相比，教师的职业产出似乎只是那些一批又一批渐渐离教师远去的毕业生。所以许多教师对工作缺乏激情，对职业缺少认同，职业价值感和主观幸福感缺失。

第三是社会支持贫乏。学校是个文化场所，应该不乏人情味和人际关怀。但是随着教育大环境的畸形发展，一些中小学越来越像企业，学校校长越来越像企业的总经理，教师越来越像生产线上的装卸工。学校特别重视教师的教学任务和学生的学习成绩，对教师的心理支持和学生的人格成长却很少关注。工作在高压力、少支持、低成就的职业环境中，教师的心理健康问题易发、多发就不难理解了。

注意回避和缓解上述问题是提高教师心理健康状况的重要途径。在这方面，学校和教育管理部门责无旁贷，教师自身也应该学习一些改善职业压力的出路和方法。本书后面提到的各种应对心理异常和保持心理健康的策略就为大家提供了这样一些方法。

本讲小结

与大部分生理疾病相比，心理健康异常的发生机制和影响因素更为复杂。但是总体上讲，心理健康异常的发生与发展总是与一定的基础和诱因有关。我们的遗传和先天状况、童年期的成长环境与经历、个性特征与认知风格的形成，都为成年期的心理健康打下了基础。但是光有基础性因素还不够，不是说内向或孤僻的人一定会出现心理问题，还要有诱发心理健康异常的刺激因素存在，比如重大的、突发的生活事件，长期的职业和生活压力，环境的改变，身体的病变等。教师应特别注意那些容易导致心理健康问题的职业因素。

心理学和现代医学对心理健康异常的认识是多角度的、多侧面的，这也帮助我们形成了对心理健康异常的综合认知。基于各种心理学流派的心理治疗方法都有其适应症和有效性，采用何种认知和方法要看我们面对的是什么样的异常问题。

第四讲　应对心理健康异常策略之一：心理健康的自我评定与认知

权，然后知轻重；度，然后知短长。物皆然，心为甚。

——孟子《孟子·梁惠王上》

人的心理与生理一样，都存在因损耗和应激等因素而导致的状态异常。人们往往能够认识和体验到身体的病痛，却不能认清和判定心理的不适，因为人们对心理健康异常的认识还远不及对生理疾病的了解。我们可以采用一些心理健康的自评量表对自我的心理健康状态进行动态监测，也可以到心理卫生的专门机构进行更为精确和专业的诊断与评估。就像常规的身体检查一样，教师也应该定期进行心理健康的检查。心理健康的评定与诊断是维护和改善个体心理健康状况的首要环节。

心理健康的评定是指依据心理健康的标准，对个体的心理健康状况作出评价和认定。心理测评是心理健康评定的重要手段。心理健康测评的一个基本假设就是问题导向，通过测量和评价个体存在的心理健康异常问题，来推断其心理健康状况。换句话说，心理健康的测评一般回答如何不健康的问题，不能回答多么健康的问题。实际上这与生理健康的实验室检验（如血常规检查）的道理是一样的。不过，目前在心理测量学的发展中，也开始提倡测量人的健康心理（而非心理健康），就是从积极心理学的角度，发现和评价人类个体的积极心理品质。这方面的研究还刚刚起步。

心理健康测评所使用的工具是心理测验。用于心理健康评定的心理测验有很多种类。比如，按照评分者性质可分为自评测验和他评测验，按照测验的功能可以分为特征描述性测验和诊断性测验，按照测验的内容可以分为综合测验和分项测验。自评测验是指测验问题的回答者是被评价者本人，被评价者根据自己的实际情况对测验题目所描述的内容做出程度或频率的判断，心理健康测验中大多是自评测验；他评测验是由专业人员（如心理咨询师、医生）、父母或其他人根据自己的观察和向被评价者的询问，对被评者的情况加以评价。如对儿童，意识或智力异常患者需要采用他评测验。特征描述性测验是对心理健康状态各个侧面或症状做出评定，心理健康量表大多数属于特征描述性测验；诊断性的量表主要是对有心理问题的个体做出诊断。综合测验是从心理健康异常的各个方面对被试的心理健康状况作出综合性评定，分项测验是对单一方面的心理健康异常问题（如某种特定症状）作出评定。在临床上，要全面评价一个人的心理健康状况和存在的心理健康异常问题，一般需要实施心理健康的综合评定和症状评定。

心理健康的综合评定：你的心理健康总体状况如何

心理健康的综合测评具有两方面的含义。狭义的综合测评是与单一症状测评相对的、对个体心理健康各种症状的综合测评，如在国内外广泛使用的康奈尔和《症状自评量表》（SCL-90）。广义的综合测评是指对个体的人格特征、综合状况和生活质量进行综合评价。人格特征在一定程度上反映了个体心理健康的内在基础，综合状况是指心理健康异常的总体外在表现，而生活质量反映了个体的生活适应性水平。综合考量这三个方面的测评结果，可以比较准确地判定一个人的心理健康总体状况。如果您希望了解自己心理健康的总体状况，应该从这三个方面选择测试工具。如果只是想了解当前是否存在某些心理健康问题，只选择其中的《症状自评量表》就可以了（见附录2）。

——心理健康的人格基础测评

人的心理健康具有一定程度的人格基础。比如人的个性中存在的敏感、多疑、孤僻、忧虑乃至内向等特征，在一定的应激条件下可能会引发心理健康异常问题。人格测验是心理测验的重要组成部分。人格测验一般根据不同人格特质的组合来判断或预测个体的心理健康状态。既能够对影响心理健康的人格特征作出评估，又能对心理健康异常问题作出诊断的人格测验就是著名的《明尼苏达多相人格测验》(Minnesota Multiphasic Personality Inventory，MMPI)。

明尼苏达多相人格测验（以下简称 MMPI）是目前世界上使用范围最广、使用频率最高的人格测验。在心理卫生和精神医学领域，MMPI 主要用于精神疾病的辅助性临床诊断。MMPI 第一版于 1942 年正式发表，许多国家和地区都将其修订为各种语言版本。20 世纪 80 年代初期，中国科学院心理研究所的宋维真研究员等人组织全国协作单位将其修订为中文版。MMPI 最初的编制目的主要是用于临床诊断和治疗，因此 MMPI 的第一版包含了大量与精神医学临床症状密切相关的题目内容，这些内容在一定程度上限制了 MMPI 在其他领域的延伸和应用。在教育、司法、人力资源管理等非临床医学领域，MMPI 的医学背景和特征使那些正常被试感到反感和不适。在经历了 50 多年的广泛研究和应用之后，明尼苏达大学对 MMPI 作了全面修订，于 1989 年出版了明尼苏达多相人格测验第二版（MMPI-2)。1992 年，中国科学院心理研究所和香港中文大学修订出版了 MMPI-2 中文（简体字）版[①]。

MMPI-2 中文（简体字）版主要由 10 个临床量表、7 个效度量表和 15 个内容量表组成，共计 567 题。临床量表和效度量表又被称为基础量表，是 MMPI-2 的主要组成部分。临床量表主要用于评估被试异常心理与行为的性质和程度。临床量表的测评结果可作为诊断心理健康异常的重要参考依据。临床量表中的题目内容主要涉及特定的临床症状或表现，由被试根据自身情况来判断是否存在问题所描述的症状或表现。比如：

［例题 1］ 妄想量表题目

有时我感觉我的灵魂离开了身体

① 张建新，宋维真，张妙清. 明尼苏达多相人格测验（第二版）MMPI-2 中文（简体字）版用户手册 [M]. 北京：地质出版社，2004.

○是　　　○否

［例题 2］社会内向量表题目

当遇到麻烦、处境困难时，我认为最好自己还是不开口

○是　　　○否

效度量表主要用来评估被试接受测验的态度。专业机构或主试可根据效度量表的得分来判断整个测试结果是否有效，如果效度量表的得分超过特定标准，整个测试结果也就无效了，说明被试在回答问题时存在阅读或理解困难、故意装好或装坏、随机回答问题、全部肯定或全否定、过分自我防御等问题或倾向，影响了测试结果的真实性和有效性。许多标准化程度比较高的心理测验都设计有效度量表。效度量表的存在提示我们，在进行心理测试过程中，应该按照测验指导语的要求，客观真实地回答每一个问题。

内容量表是 MMPI-2 与早期版本相比变化最大的组成部分。内容量表主要用来描述受测者存在的人格异常和具体原因，是临床量表测量结果的重要补充和印证。MMPI-2 内容量表包含的信息非常广泛，不但可以用于心理健康评定，还可以用于人才测评、职业指导、心理咨询等领域。比如：

［例题 3］家庭问题量表题目

有时我非常想离开家

○是　　　○否

［例题 4］自我低估量表题目

我无论什么事情都做不好

○是　　　○否

——心理健康的综合状况评定

心理健康评定采用最多的是综合状况的测评。所谓综合状况评定就是从心理健康异常涉及的各个方面对被评者的心理健康状况作出总体评价。常见的心理健康综合评定量表包括康奈尔医学指数（CMI）、《症状自评量表》（SCL-90）、自测健康评定量表（SRHMS）等。其中《症状自评量表》（SCL-90）在国内外得到广泛应用。许多专业研究人员使用 SCL-90 研究教师人群的心理健康状况，大多数职业人群几乎都有 SCL-90 的测评和研究结果。

SCL-90属于一种自评式、综合性、描述性的心理健康测验。该量表包含了十分广泛的精神症状内容，涉及人的思维、情感、行为、人际关系、生活适应等多个方面。由于SCL-90题量适中，具有良好的信度和效度指标，在临床应用中有比较好的可靠性和准确性，因此在对不同人群进行心理健康检查和调查时一般将其作为首选的心理健康综合评定工具。

SCL-90包含9个症状因子和1个附加因子，每一个因子反映特定方面的症状情况。这10个因子分别是：

（1）躯体化：共12题，该因子主要反映身体和生理上的不适感，包括心血管、胃肠道、呼吸和其他系统的不适，头痛、背痛、肌肉酸痛，以及其他相关的躯体症状。

（2）强迫症状：共10题，该因子主要包含那些明知没有必要，但又无法摆脱的无意义的意识、冲动和行为等表现，此外还包括一些感知和记忆障碍症状。

（3）人际关系敏感：共9题，主要反映人际交往中的自我意识（自卑感）、不安、不适和消极期待等症状。

（4）抑郁：共有13题，反映悲观、失望以及与抑郁相关联的认知和躯体方面的不适感受，还包括自杀观念和死亡思想等方面的内容。

（5）焦虑：共包括10道题，反映焦虑及惊恐发作的程度，包含烦躁、紧张、坐立不安、神经过敏以及由此产生的躯体征象。

（6）敌对：含6题，主要从思想，感情及行为等三个方面来反映敌对表现，包括厌烦觉、摔物、脾气爆发等各方面的表现。

（7）恐怖：共含7题，涉及出门旅行、空旷场地、人群、公共场所和交通工具等恐惧对象，还包括反映社交恐怖的一些题目。

（8）偏执：共有6题，主要反映包括投射性思维、敌对、猜疑、妄想、被动体验和夸大等偏执性思维特征。

（9）精神病性：共10题，包含有幻听、思维播散、被控制感、思维插入等反映精神分裂症症状的项目。

（10）附加：共7个项目，反映睡眠及饮食情况，与其他9个因子得分之和等于总分。

SCL-90 的题目评分分为五个等级（0-4 级），从来没有题目中描述的症状计为 0 分，存在轻度表现计为 1 分，中度表现计为 2 分，相当严重计为 3 分，严重计为 4 分。在这里，严重程度主要是指症状发生的频度和对自身工作和生活的影响程度。当然，不同的个体对症状严重程度的感觉和判断会有所不同，由此会带来一定的测评误差。这也是此类心理健康评定量表存在的普遍问题。

金华、张明园、吴文源等人利用 SCL-90 对 1388 例正常成年人进行了测试，发现我国正常成年人的因子分在 1.23-1.65 之间，总分为 145.7 分①。王灿、金长山等人对 1016 名中学教师进行 SCL-90 测试，结果表明中学教师的因子分在 1.35-1.68 之间，总分为 132.87 分。说明中学教师心理健康的总体水平还是好于普通人群的，这可能与教师的社会地位、受教育程度、经济状况和个人素质有关。但在躯体化、强迫、敌对、恐怖、偏执、精神病性因子和阳性项目数方面，教师存在的问题多于其他群体的正常成年人，这可能与中学教师工作繁重、心理压力大等因素有关②。

SCL-90 能够比较好地反映个体的心理健康总体状况，学校或教师可以定期进行 SCL-90 的测试，对教师的心理健康状况实施纵向检测，利用测评结果对存在异常倾向或问题的教师做出及时提示和预警。

——生活质量的评定

一个人生活质量的高低从社会适应性的角度反映出心理健康的主观体验程度。生活满意度或主观幸福感（Well-being）是反映个体生活质量高低的重要心理学指标。一个人的主观满意度或幸福感越高，表明其心理平衡和愉悦的程度比较高，心理健康的水平也相应提高。反之，个体的主观满意度或幸福感越低，表明其心理平衡和愉悦的程度比较低，心理健康的水平也相应下降。所以生活质量的测查在一定程度上体现了被试心理健康的主观觉察程度，

---

① 金华，张明园，吴文源等人．中国正常人 SCL-90 评定结果的初步分析［J］．中国神经精神科杂志，1986（5）：260-262.

② 王灿，金长山，李春泉，于柏松．中学教师 SCL-90 测试结果分析［J］．沈阳医学院学报，2004（9）：152-153.

一般可以通过生活满意度或主观幸福感的测查来反映个体的心理健康状况。

近些年来，随着积极心理学的发展和应用，人们对生活质量愈加关注。这方面的测评工具包括《生活满意度量表》(LSIR、LSIA 和 LSIB)、《幸福感指数》(IWB)、《生活质量综合评定问卷》(GQOLI-74) 和总体幸福感量表 (GWB) 等。

《生活满意度量表》由三个分量表组成，分别是用于他评的《生活满意度评定量表》(LSIR) 和用于自评的生活满意度指数 A (LSIA) 和生活满意度指数 B (LSIB)。生活满意度量表的测评结果可以反映一个人对于自身生活状态的总体感觉，能够很好地反映个体的心理健康状态。下面重点介绍其中的一个自评量表生活满意度指数 A (LSIA)。

生活满意度指数 A (LSIA) 由 20 道反映个体生活态度和感受的题目组成，每题 1 分，满分为 20 分。在阅读题目中的陈述之后，如果同意该陈述，就在“同意”下面的方框内打个记号；如果不同意该陈述，就在“不同意”下面的方框内打个记号；如果无法确定是否同意，则在问号下的方框内打个记号。

生活满意度指数 A (Life Satisfaction Index A, LSIA)①

项　目	同意	不同意	?
1. (A) 当我老了以后发现事情似乎要比原先想象的好	1	0	0
2. (A) 与我所认识的人相比，我更好地把握了生活中的机遇	1	0	0
3. (D) 现在是我一生中最沉闷的时期	0	1	0
4. (A) 我现在和年轻时一样幸福	1	0	0
5. (D) 我的生活原本应该是更美好的	0	1	0
6. (A) 现在是我一生中最美好的时光	1	0	0
7. (D) 我所做的事多半是令人讨厌和单调乏味的	0	1	0
8. (A) 我估计最近能遇到一些有趣的令人愉快的事	1	0	0
9. (A) 我现在做的事和以前做的事一样有趣	1	0	0

① 汪向东，王希林，马弘. 心理卫生评定量表手册［M］. 北京：中国心理卫生杂志社，1999：77.

10.（D）我感到老了，有些累了	0	1	0
11.（A）我感到自己确实上了年纪，但我并不为此而烦恼	1	0	0
12.（A）回首往事，我相当满足	1	0	0
13.（A）即使能改变自己的过去，我也不愿意有所改变	1	0	0
14.（D）与其他同龄人相比，我曾做出过较多的愚蠢决定	0	1	0
15.（A）与其他同龄人相比，我的外表较年轻	1	0	0
16.（A）我已经为一个月甚至是一年以后该做的事制定了计划	1	0	0
17.（D）回首往事，我有许多想得到的东西均未得到	0	1	0
18.（D）与其他人相比，我遭遇失败的次数太多了	0	1	0
19.（A）我在生活中得到了相当多我所期望的东西	1	0	0
20.（D）不管人们怎么说，许多普通人是越过越糟，而不是越过越好了	0	1	0
总　分			

题目前面标（A）的为正向计分，即选择“同意”计1分，选择“不同意”计0分；题目前面标（D）的为反向计分，即选择“同意”计0分，选择“不同意”计1分。将每道题目的得分相加，得到生活满意度指数。建议有关科研人员在进行教师心理健康状况研究的同时，将教师的生活质量评定也纳入其中。这样可以更好地反映教师的工作和生活状态，还可以帮助教师梳理和反思对待生活和工作的态度，有利于提升教师的心理健康水平。

心理健康的症状测评：你是否存在特定的心理健康异常问题

在心理健康评定工具中，症状测验或量表的数量占很大比重。这是因为要确定个体的心理健康问题，只进行综合评定还是不够的。如果被试在综合评定中表现出异常情况，就需要进一步明确具体的异常问题和严重程度，为后续临床诊断提供依据。这时候就需要进行具体症状的测评。

症状测评一般是按照主要的心理健康异常症状分项编制症状量表。比如常见的精神病学症状包括抑郁、焦虑、恐惧、强迫、孤独、偏执等。

——抑郁症状的评定

抑郁是一种较常见的心理健康异常症状。抑郁是以情绪低落为主要表现的心境障碍，但是它不单纯是负性情绪的主观体验，还包含了态度、认知、行为和躯体等方面的异常。因此对抑郁的评定也是一种综合评定。用于评定抑郁症状的问卷或量表有很多，如贝克抑郁问卷（BDI），自评抑郁量表（SDS）、卡罗尔抑郁量表（CRS）、汉密尔顿抑郁量表（HRSD）、抑郁形容词检查表（DACL）、抑郁体验问卷（DEQ）等。我们可以采用自评抑郁量表（SDS）对自己或周围人的抑郁症状进行评定。

自评抑郁量表是一个简短的自评工具，主要适用于具有抑郁症状的成年人，能够比较好地反映抑郁状态的症状表现和严重程度。在阅读题目中的陈述之后，自己来判断陈述发生的频度，是从未或偶尔发生，还是有时、经常或持续发生。在相应的表格内画上标记，在 10 分钟时间内完成。

自评抑郁量表（SDS）①

题　目	偶尔	有时	经常	持续
1. 我觉得闷闷不乐，情绪低沉	1	2	3	4
2. 我觉得一天中早晨最好（*）	4	3	2	1
3. 我一阵阵哭出来或觉得想哭	1	2	3	4
4. 我晚上睡眠不好	1	2	3	4
5. 我吃得跟平常一样多（*）	4	3	2	1
6. 我与异性密切接触时和以往一样感到愉快（*）	4	3	2	1
7. 我发觉我的体重在下降	1	2	3	4
8. 我有便秘的苦恼	1	2	3	4
9. 我心跳比平常快	1	2	3	4
10. 我无缘无故地感到疲乏	1	2	3	4
11. 我的头脑跟平常一样清楚（*）	4	3	2	1

① 汪向东，王希林，马弘．心理卫生评定量表手册［M］．北京：中国心理卫生杂志社，1999：196．

12. 我觉得经常做的事情并没有困难（*）	1	2	3	4
13. 我觉得不安而平静不下来	1	2	3	4
14. 我对将来抱有希望（*）	4	3	2	1
15. 我比平常容易生气激动	1	2	3	4
16. 我觉得作出决定是容易的（*）	4	3	2	1
17. 我觉得自己是个有用的人，有人需要我（*）	4	3	2	1
18. 我的生活过得很有意思（*）	4	3	2	1
19. 我认为如果我死了别人会生活得好些	1	2	3	4
20. 平常感兴趣的事我仍然照样感兴趣（*）	4	3	2	1
总　　分				

其中（*）的题目为反向计分，即“偶尔”为4分，“持续”为1分。自评抑郁量表最少可得20分，最高可得80分。将每道题的得分加在一起，得到整个量表的总分。

通过自评，我们可以得到两方面的结果，一是抑郁严重指数＝总分/80，指数越高，抑郁程度越严重。抑郁指数的范围在0.25—1.0之间。其中0.5以下为无抑郁；0.50—0.59为轻度抑郁；0.60—0.69为中度抑郁；0.70以上为重度抑郁。发现自己存在轻度以上的抑郁症状，就应该去专业机构寻求帮助。二是抑郁症状的分布情况，如精神性症状（第1、3题），躯体性障碍（第2、4、5、6、7、8、9、10题），精神运动性问题（第12、13题），以及抑郁心理障碍（第11、14、15、16、17、18、19、20题）。通过症状分布的分析，我们可以发现高抑郁指数主要是由哪些问题造成的。

——焦虑症状的评定

焦虑是一种不愉快的主观体验。实际上在我们的日常工作和生活中，轻度的焦虑是经常存在的。比如我们对新环境或冲突的不安，担心，紧张，甚至惊慌，同时也会伴有一些行为和躯体反应，如回避或心跳加快等。但是大多数人的焦虑情绪是一过性的，是针对特定对象的。如果一个人长期存在比较严重的焦虑症状，不但经常有紧张不安的主观情绪体验，还伴有严重的行为障碍和生理反应，那就需要考虑是否存在异常或病理性焦虑的问题了。在临床上，焦虑症状不仅存在于各种焦虑症中，恐惧、强迫以及其他一些心理健康异常问题中都存在焦虑症状。前者一般是一种泛化的、无特定目标的焦虑，后者往往是针对特定对象的焦虑。

和抑郁症状一样，也有很多的焦虑症状自评量表可以帮助我们进行焦虑方面的评定和判断。其中焦虑自评量表（SAS）比较简单易行，适用于存在焦虑症状的成年人。如果自我感觉在相当长的一段时间内存在紧张不安、恐惧担心等情况，可以采用焦虑自评量表作一下自评。量表中包含20个题目，每一个题目陈述的是一个与焦虑有关的症状。根据在最近一星期的实际情况，为每道题选择一个症状出现的频度，在10分钟时间内完成。

自评焦虑量表（SAS）①

题　目	偶尔	有时	经常	持续
1. 我觉得比平常容易紧张或着急	1	2	3	4
2. 我无缘无故地感到害怕	1	2	3	4
3. 我容易心里烦乱或觉得惊恐	1	2	3	4
4. 我觉得我可能将要发疯	1	2	3	4
5. 我觉得一切都很好，也不会发生什么不幸（*）	4	3	2	1
6. 我手脚发抖打颤	1	2	3	4
7. 我因为头痛、颈痛和背病而苦恼	1	2	3	4
8. 我感觉容易衰弱和疲乏	1	2	3	4
9. 我得心平气和，并且容易安静坐着（*）	4	3	2	1
10. 我觉得心跳得很快	1	2	3	4
11. 我因为一阵阵头晕而苦恼	1	2	3	4
12. 我有晕倒发作或觉得要晕倒似的	4	3	2	1
13. 我吸气呼气都感到很容易（*）	4	3	2	1
14. 我的手脚麻木和刺痛	1	2	3	4
15. 我因为胃病和消化不良而苦恼	1	2	3	4

① 汪向东，王希林，马弘．心理卫生评定量表手册［M］．北京：中国心理卫生杂志社，1999：235.

16. 我常常要小便	1	2	3	4
17. 我的手脚常常是干燥温暖的（*）	4	3	2	1
18. 我脸红发热	1	2	3	4
19. 我容易入睡并且一夜睡得很好（*）	4	3	2	1
20. 我做恶梦	1	2	3	4
总　　分				

其中（*）的题目为反向计分。自评焦虑量表最少可得 20 分，最高可得 80 分。将每道题的得分加在一起，得到整个量表的总分。将总分乘以 1.25 之后取整数，就得到标准分。如果标准分超过 50 分，需要主动寻求治疗。对于较为严重的焦虑症状，单凭心理治疗是不够的，应该到医院进行系统检查和诊断。如确实存在异常焦虑问题，最好采用药物治疗和心理治疗相结合的方式，尽快缓解焦虑困扰。

——孤独症状的评定

随着社会生活节奏的加快，孤独的情绪很多人都有体验。孤独也是一种负面的情绪体验，常与颓废、消沉、孤立、愤怒、空虚等情况相伴，是社会适应不良和心理健康异常的体现形式之一。

对孤独状态的评定主要是检查当事人对孤立状态的主观感受。这是两个不同的概念。孤立并不一定产生负面的情绪体验，对有些人来讲，孤立是一种清静或享受。但与社会和他人隔开或分离，毕竟是正常社会状态的一种偏离。因此孤立状态和消极情绪都属于孤独症状评定的重要内容。在这方面，著名的 UCLA 孤独量表从当事人对独孤体验的描述，来评定孤独症状的严重程度。

UCLA 孤独量表由 20 个题目组成，也是采 4 级评分：从未有此种感觉；很少有此种感觉；有时有此种感觉；经常有此种感觉。下面列出了量表中的 20 个题目，请结合自己的实际情况，判断一下每种描述出现的频繁程度如何。

UCLA 孤独量表①

题　目	从无	很少	有时	经常
1. 常感到与周围人的关系和谐（*）	4	3	2	1
2. 常感到缺少伙伴	1	2	3	4
3. 常感到没人可以信赖	1	2	3	4
4. 常感到寂寞	1	2	3	4
5. 常感到属于朋友们中的一员（*）	4	3	2	1
6. 常感到与周围的人有许多共同点（*）	4	3	2	1
7. 常感到与任何人都不亲密了	1	2	3	4
8. 常感到我的兴趣和想法与周围的人不一样	1	2	3	4
9. 常感到想要与人来往、结交朋友（*）	4	3	2	1
10. 常感到与人亲近（*）	4	3	2	1
11. 常感到被人冷落	1	2	3	4
12. 常感到我与别人来往毫无意义	1	2	3	4
13. 常感到没有人很了解我	1	2	3	4
14. 常感到与别人隔开了	1	2	3	4
15. 常感到当我愿意时就能找到伙伴（*）	4	3	2	1
16. 常感到有人真正了解我（*）	4	3	2	1
17. 常感到羞怯	1	2	3	4
18. 常感到人们围着你但并不关心我	1	2	3	4
19. 常感到有人愿意与我交谈（*）	4	3	2	1
20. 常感到有人值得我信赖（*）	4	3	2	1
总　分				

其中带（*）的题目为反向计分，即“从无”为 4 分，“经常”为 1 分。UCLA 孤独量表最少可得 20 分，最高可得 80 分。得分越高，表示孤独程度越严重。

① 汪向东，王希林，马弘．心理卫生评定量表手册［M］．北京：中国心理卫生杂志社，1999：286-284.

——偏执症状的评定

一些人随着身体机能的变化，心理也在发生微妙的改变。主要表现为对周围事物过度的敏感，别人说的一句无心的话或做的一件平常的事，都觉得是指向自己。我们有时会发现自己身边的同事或某些案例中的当事人，总是对别人行为的动机产生怀疑和猜忌，并且主观地认为别人存心与他过不去，容易将别人的一般行为误解为敌意或轻视，总是把事情往偏处想。另外一种突出表现就是固执，坚持认为自己的想法和行为是正确无误的，不考虑社会公认的道德和行为准则，不考虑自己与周围人在思想上和行为上的巨大差异，无论别人如何劝导，总是不能放弃自己的想法。这种心态的后果就是人际关系紧张，自己总感觉不公平，不被别人理解，心中郁闷焦躁。周围的人也觉得这样的人与众不同，牢骚满腹，看谁都不顺眼，过于自我中心。这些都是偏执型人格的典型表现。有的人从年轻时候起就逐渐显现出这种不健康的人格特征，这主要与特定家庭和社会环境有关。还有些人是性格中存在一定的偏执倾向。

偏执是一种负性的思维与行为方式，对个体的心理健康具有不良影响。长期以偏执的心态看待周围的人和事，不但会严重影响个体的人际关系，也会给人的生活适应带来很大麻烦。因此，偏执的人一般都很孤独、很自负，工作和生活状态大都不尽如人意。在心理卫生的症状评定中，很少见到专门针对偏执症状开发的评价量表。对偏执的评定更多是在心理健康的综合评定中加以体现，比如前面提到的 MMPI 就包含有妄想、固执等分量表，在 SCL-90 中也包含了敌对和偏执两个测评因素。

我们可以根据以下偏执症状的主要表现对自己或周围人的相关行为表现作出简要评定。也是采取 4 级评分：从未有此种感觉；很少有此种感觉；有时有此种感觉；经常有此种感觉。如果达到 30 分以上，就需要特别注意和矫正自己的偏执问题。

偏执症状自评量表

题　目	从无	很少	有时	经常
1. 感到别人对我怀有敌意	1	2	3	4

2. 猜疑别人会伤害我	1	2	3	4
3. 别人很难改变我的观点	1	2	3	4
4. 感到没有可以信任的人	1	2	3	4
5. 感到别人的善意都是有目的的	1	2	3	4
6. 别人对我的成绩没有做出恰当的评价	1	2	3	4
7. 很难忘记别人对我的伤害	1	2	3	4
8. 觉得某些人一无是处	1	2	3	4
9. 乱责怪别人制造麻烦	1	2	3	4
10. 感到有人在监视我、谈论我	1	2	3	4
11. 有一些别人没有的想法	1	2	3	4
12. 感到别人想占我的便宜	1	2	3	4
总　　分				

心理健康评定应注意的问题：如何正确使用心理测评工具

心理健康评定不是心理健康诊断的全部。一般人以为，心理健康的诊断主要采用心理测评的方法，其实不然。由于个体的心理健康状况受到生理、心理、社会乃至自然等多种因素的影响，心理健康状态的诊断也需采用多种手段，从多种视角和侧面进行综合评定，不能仅仅依靠某种单一的心理健康评定方法（如心理测验）就认定个体的心理健康状态。另外，心理健康状态是动态的，随着环境和个体的发展而变化，也不能仅仅凭借某个特定时刻的心理健康评定就认定一个人的心理健康状态。也就是说，要依靠综合的、发展的观点和方法来确定一个人的心理健康状态。

在临床上，心理健康评定是一种辅助性临床诊断手段，并不是心理健康诊断的全部。除了心理健康评定之外，心理健康诊断还包括健康史、面谈和生物医学检查等临床检查。因此，如果要确诊是否存在心理健康异常问题或精神疾病，还要到专业机构去做临床检查。切忌通过自测或自评就人为给自己或别人戴上“心理不健康”的标签。

采用专业机构提供的标准化心理测试。心理健康测评主要是使用各种心理测验来评价个体的心理健康状况和问题。有些人不愿意光顾专门机构接受规范的心理健康测评，而是习惯于找来一些测评工具进行自我检测。一般情况下，使用标准化的心理测评工具进行心理健康自我检测基本上是安全有效的。但是需要注意的是，心理健康测验的种类十分繁杂，正确使用的前提是分清各种心理测验的功能、作用、可靠性和有效性，正确地解读和使用测验的结果。在不了解测评工具的这些重要属性时，盲目使用或错用测评工具的风险和危害是很大的。因此，建议教师们采用专业机构提供的标准化心理测试进行心理健康的测评。

避免过度解读心理健康测评。心理测评毕竟是对人的心理的一种间接测量，与物理和生理测评相比，存在比较大的测量误差。许多心理健康测评还都在发展和研究中，远未达到可靠、有效的目标。因此，要避免机械地、过度地依赖测评结果，不能只凭评定量表的结果来解释和判断个体的心理健康状况和问题，更不能人为夸大或扩散测评结果。此外，心理测验的结果不是固定的一个分数。由于测量误差的存在，真实的心理测验结果应该是一个区间分布。就像智力测验的结果那样，心理健康评定也是分布在一个区间之内。学过统计学的老师都知道，这个分数区间是由实际得分和标准误差决定的。这意味着心理健康测评的结果不是一个固定的数值，如果再测的话很可能会得到不同的结果。因此建议大家，在进行心理健康测评之后的一段时间内，比如 2 周或 1 个月之后，再测评一次，看看结果如何。如果再测之后问题消失了，说明首次测评的结果受到当时测评情境和心理状况的影响，并不是您的心理健康状况真的出现了什么问题。如果经多次测试，测评结果都反映出存在相同的心理健康异常问题，就应该尽快寻求专业人员和机构的帮助，对存在的问题及时作出全面、系统的诊断。

本讲小结

对于特定的心理障碍或疾病来说，测评只是一种辅助性的诊断手段，并不是临床诊断的全部。不能因为自我评定中发现了一些症状或问题就推断自己存在某种心理疾病。临床上心理健康异常的诊断还包括健康史、面谈和生物医学检查等程序，是一个系统、综合的诊断过程。尽管如此，心理健康评定还是有助于我们了解和认识自身心理健康的基本状况。定期进行心理健康评定是保持心理健康的重要措施。需要注意的是，心理健康评定结果是相对的、动态的，不要通过一次测评就妄下结论。但是如果不同时间和类型的测评都反映出相同的问题，就应该及时到专业机构寻求全面的诊断和帮助。

第五讲　应对心理健康异常策略之二：心理亚健康的缓解与调试

教书的倦怠，大致出现在两年或三年后，这时正好是一个新教师开始感觉不再“新”的时候，自觉该遇到的事都遇到过了，该学会的东西也都学会了，教育教学过程不再有新鲜感，整日里重复着备课、上课、批作业、订正、辅导之中。当一个人感觉在机械重复做事时，倦怠就不可避免。这时，继续工作唯一的支撑点就是为了生活。

——网友留言

前面我们提到过，心理健康状态是一个从健康到异常的连续体：适应良好的心理健康状态，伴有心理问题的心理健康，心理亚健康状态，心理（或精神）障碍与疾病。在这个连续体中间存在的过渡阶段，既不符合心理障碍或疾病的诊断标准，同时也存在明显的心理甚至躯体症状，这就是心理亚健康状态。心理亚健康一般存在较轻微的异常症状，多与工作和生活压力有关，压力减轻后症状也随之缓解，通过必要的心理调试、辅导和咨询，心理亚健康状况都能得到有效缓解。

由于职业特点的关系，教师长期处于高压力状态。心理亚健康就成为教师人群的常见心理健康异常问题。在关于教师心理健康研究的相关文献中我们发现，教师的心理亚健康问题较为多见。其中工作倦怠和轻度的神经衰弱都是教师心理亚健康的典型表现。面对心理亚健康状态，除了应该接受必要的心理辅导和咨询之外，教师本人的自我心理调试也很必要。对工作和生活压力的有效管理是应对心理亚健康问题的有效手段。

教师的工作倦怠

“工作倦怠”英语为 burnout，也称为“职业倦怠”或“职业枯竭”，是身心耗竭的意思，美国心理学家弗罗登伯格（H. J. Freudenberger）将它用来描述人们对工作的低落情绪和耗竭状态。教师职业与工作倦怠似乎有一种天然的联系。有研究指出，教师作为工作倦怠的高发人群成为众多国内外学者研究工作倦怠的一个重点人群①。在近年来有关教师工作倦怠的研究中，国内外学者一般认为，教师的工作倦怠是指教师不能顺利应对长期工作压力时的一种非正常的行为和心理反应，是教师在长期压力体验下所产生的情绪、态度和行为的衰竭状态。前面提到的关于教师职业压力与心理健康状况的调查表明，大部分教师出现轻微的工作倦怠，将近 60%的被调查教师出现了中度的工作倦怠，接近 30%的被调查教师处于高度工作倦怠状态。工作倦怠已成为教师人群心理亚健康的主要问题之一。

工作倦怠的危害是多方面的。对于教师本身来说，工作倦怠将直接导致工作热情和效能的降低，情绪和情感的压抑，对学校、同事和学生产生疏离感，工作满意度的下降甚至考虑离职。同时工作倦怠又具有一定的感染性，个别教师的倦怠表现会潜移默化地影响到其他教师。就像困意具有暗示性那样，倦怠状态表现出的消极情绪也会感染、蔓延到其他教师，影响到教师队伍的工作热情和士气。此外，教师出现职业枯竭后，会倾向于消极对待学生，对学生的情感关怀也会衰退，由此可能会导致教师和学生的人际关系紧张，对学校的教学质量和正常的工作秩序造成不良影响。因此，无论是从教师维护心理健康的角度，还是从学校保持正常的工作状态的角度，都应该重视教师的工作倦怠问题。

---

① 胡春梅，姜燕华. 近三十年来国内外关于教师工作倦怠的研究综述［J］. 天津教科院学报，2006（3）：51.

——工作倦怠的症状表现

许多教师都有这样的感觉，一段时间内会觉得身心俱疲，工作没有意思，提不起精神，不想做任何与工作有关的事情，但是又无法改变现状，处于忍耐或消极状态。这就是处于工作倦怠状态的征兆。从理论上讲，所谓身心耗竭状态，一般由以下几项重要指标来衡量：

一是情绪衰竭（emotional exhaustion），是工作倦怠的核心特征，也是工作倦怠的个体压力维度，是指个体的情绪处于极度疲劳的状态，个体的情绪资源被过度消耗，感觉特别疲惫，情绪上烦躁、易怒、压抑和紧张，对工作缺乏热情和动力，工作满意度降低，不愿意承担繁重的工作任务，习惯于被动地完成自己分内的工作。

二是去人性化（depersonalization），是工作倦怠的人际关系维度，指个体刻意与工作对象、同事或学生保持一定的距离，在情感上与他人产生消极感、疏离感和冷漠感，对别人不像以往那么积极热情，减少和断绝与学生的联系和接触，从心理上和身体上远离学生，不理睬或拒绝了解学生的请求。

三是成就感低落（reduced personal accomplishment），是工作倦怠的自我评价维度，是指个体对自身的评价较为负面和消极，主观效能感下降，怀疑自己所做工作的贡献及其价值。工作满意度低是出现工作倦怠的一个重要标志。新浪网的调查表明，有64.4％的被调查教师工作满意度比较低，而只有15.4％的被调查教师工作满意度比较高。

四是知识耗尽感，这是我国心理学家提出的国内教师人群所特有的一种工作倦怠维度，是由教师不能适应社会的快速变革和知识的急剧更新所导致的对知识匮乏感和危机应对的无助感①。

以上是工作倦怠的四个主要反应形式。表现在日常工作和生活中，工作倦怠还有很多具体的心理和行为表现。可以对照以下工作倦怠的主要症状，及时发现自身是否存在工作倦怠的倾向或问题：

---

① 王芳，许燕．中小学教师职业枯竭状况及其与社会支持的关系［J］．心理学报，2004（5）：568-574.

- 感到身体疲惫和劳累；
- 经常感到烦躁、易怒、压抑、情绪低落；
- 偶然感到头晕、头痛、胸闷或气短；
- 失去工作热忱，对本职工作不感兴趣；
- 回避工作，早晨不愿意去学校上班；
- 想调换工作，不再当教师；
- 不能持久地关注工作，注意力难以集中；
- 工作效率下降，做不成事；
- 工作中小失误、小差错增加；
- 经常忘记事先的预定或计划中的事情；
- 觉得自己的工作和努力毫无价值；
- 对周围的人态度不友善，人际冲突增加；
- 对学生不像以前那么热情，不关心学生；
- 感到知识匮乏，被掏空了；
- 像蜡烛被耗尽的感觉。

还可以采用标准化的《中学教师工作倦怠量表》，对自己或同事的工作倦怠发展状况作出评价。该量表由国内心理学工作者专门针对中学教师的职业情境编制而成，分别从热情枯竭、精力枯竭和职业成就感丧失等三个维度测评教师的工作倦怠状况，比较适合教师进行工作倦怠的自我评价。

中学教师工作倦怠量表①

题　目	完全不符合					完全符合
1. 我对自己的工作感到有点灰心	1	2	3	4	5	6
2. 我觉得自己做的工作很有意义（*）	6	5	4	3	2	1
3. 这份工作对我的吸引力一直没有减少，甚至还有增加（*）	6	5	4	3	2	1
4. 与刚开始工作相比，我现在不那么喜欢当老师了	1	2	3	4	5	6

① 王晓春，张莹，甘怡群，张铁文. 中学教师工作倦怠量表的编制. 应用心理学，2005（2）：170-175.

5. 我觉得这份工作使我对人逐渐产生冷漠的感觉	1	2	3	4	5	6
6. 我对某些顽劣的学生经常懒得去理他们	1	2	3	4	5	6
7. 我觉得教了这几年书之后，我对人对事比以前要冷淡了	1	2	3	4	5	6
8. 我觉得教学工作使我变得没有以前那么热情了	1	2	3	4	5	6
9. 面对学生的工作让我觉得很快乐（*）	6	5	4	3	2	1
10. 我觉得每天上班工作很愉快（*）	6	5	4	3	2	1
11. 我每天早晨起床想到要面对一天的工作时，就无精打采	1	2	3	4	5	6
12. 我会在和同事或学生工作一整天之后，感到很快乐（*）	6	5	4	3	2	1
13. 我经常感觉自己不愿意学生来找我，虽然从理智上我知道不应该有这种态度	1	2	3	4	5	6
14. 我常在工作一整天后，感到精疲力尽	1	2	3	4	5	6
15. 我对工作经常感到负荷很重，耗尽心神	1	2	3	4	5	6
16. 我觉得我工作得太辛苦了	1	2	3	4	5	6
17. 我觉得我的工作耗尽了我的精力	1	2	3	4	5	6
18. 我常对教育学生或班级管理感到精疲力尽	1	2	3	4	5	6
19. 整天和学生在一起的工作确实让我感到疲劳	1	2	3	4	5	6
20. 直接面对学生的工作给我太大压力	1	2	3	4	5	6
21. 我觉得当老师并不是一件很累的事情	1	2	3	4	5	6
22. 觉得自己现在变得越来越放不开，越来越患得患失了	1	2	3	4	5	6
23. 有时候我觉得自己快要没有能量去面对教学和学生了	1	2	3	4	5	6
24. 我能有效地处理工作上或学生的问题（*）	6	5	4	3	2	1
25. 我很容易就能理解学生对事情的感受（*）	6	5	4	3	2	1
26. 工作中，我能冷静地处理一些情绪冲突（*）	6	5	4	3	2	1
27. 我在工作中做了许多有意义的事（*）	6	5	4	3	2	1
28. 我在面对学生的问题时，常感到束手无策	1	2	3	4	5	6
总　分						

以上量表采用 6 级评分，1 代表完全不符合，6 代表完全符合，2-5 为由不符合到比较符合的中间状态，由评分者根据自身实际情况给出每道题的具

体分数。其中（*）的题目为反向计分，即“完全不符合”得6分，“完全符合”得1分，中间得分也是依次转换。总分越高，说明倦怠情况越严重。其中1—13题反映的是热情枯竭状态，14—23题反映的是精力枯竭状态，24—28测查的是职业成就感丧失状况。通过分别计算各个倦怠维度的得分，也可以观察到工作倦怠情况的分布情况。根据这些不同程度和不同方面的倦怠表现，分别采取不同的应对措施。

——教师工作倦怠的影响因素

造成教师工作倦怠的影响因素是多方面的，主要与教师的职业特点有关。与其他职业人群相比，教师具有一定的专业性和特殊性。

教师工作倦怠的第一个影响因素是工作成就的外部评价。有关工作倦怠的研究表明，各种以助人为目标的职业人群，如医生、心理咨询师、社会工作者（社工）、教师等，都存在不同程度的工作倦怠问题。其中的一个主要原因是这些助人行业特别需要人际互动能力，并且以工作对象的改善和提高为目标。也就是说，教师等助人职业的工作成就和社会认可并不直接或全部决定于教师自身，而是决定于工作对象的指标性成绩，如学生成绩排名、升学率（医生和咨询师决定于患者的治愈率或事故率等）等，具有很大的不确定性。这其中有三种情况容易使教师产生工作倦怠。第一，如果助人行业工作人员能够知觉到工作对象因自己的努力而有所改善或提高，则会增加他的工作胜任感，进而提高其助人的动机。如果预期目标不能达到，就会将原因归咎于工作本身，则会降低他的工作胜任感，那么就容易产生倦怠，因而降低助人的欲望。因此如果教师的教学目标定得很高，不容易实现，就有可能挫伤教师的工作动机，长此以往工作倦怠就会产生。第二，教师的职业成就决定于学生，即使一个学期的教学目标得以实现，高升学率使教师如释重负，但是学生毕业后又是一个新的轮回，下一个目标接踵而至，似乎总也看不到尽头。这种往复不断的工作成就期待，使教师承受的工作压力无限期延伸，增加了教师的压力预期，为工作倦怠的产生提供了条件。第三，教师等助人职业的工作成就决定于外界，其自身职业成就很难得到直接评价和物化成果，如果再缺乏必要的知识更新和专业培训，一部分教师会感到工作价值降低，缺乏成就感，并且自我评价下降，工作满意度也会受到影响。对于处于知识阶层的广大教师来说，这些结果足以对其工作动机、组织承诺和工作投入程度产生严重影响，这种影响会通过工作倦怠的形式表现出来。

教师职业容易产生工作倦怠的第二个重要因素就是脑力重复劳动，尤其是中小学教师。教师长时间从事重复性的脑力劳动，日复一日，年复一年，工作内容基本上相同，工作的创造性和新异性程度相对比较低，长此以往容易对工作产生厌倦感和疲劳感。重复性体力劳动容易造成躯体的倦怠和劳损，而重复性脑力劳动更容易对个体精神和心理倦怠带来影响。与医生、心理咨询师和社工不同的是，教师工作的重复性更高，挑战性相对更低，因此同样是助人专业人群，教师的这一职业特点可能促使教师成为工作倦怠的高危人群之一。

教师工作倦怠的第三个重要因素就是指标性评价。在教师的常规工作中，来自升学率、考核评估、职称晋升等方面的指标性压力常使教师疲于应对。指标性任务对个体造成的最大威胁就是当事人对指标完成不确定性的担心和忧虑。由于这种指标性评价不是即时的，而是需要等待一段相当长的时期，由此形成长时间的精神负担和心理压力。这恐怕是教师易感职业倦怠、神经衰弱和其他心理亚健康问题的重要原因之一。

教师工作倦怠的第四个重要因素就是高压力需求。与从事其他行业相比，教师等助人职业的身心能量消耗更大一些。工作岗位要求不断付出自己的知识、情感和体能，经常面临超出个人承受能力的要求。长期面对这些压力，一些人会出现情绪情感上疲惫、人际上冷漠、工作上消极怠工，容易对工作产生厌倦感和疲劳感。

除了上述教师的职业特点之外，还有一些局部或个别因素也对教师的工作倦怠产生影响。比如有的教师不适应做父母和做教师双重角色之间的冲突，这种双重角色实际上是一种双重压力。与其他职业父母的双重压力不同的是，教师要对自己的学生和自己的子女负起双重的指标性责任。有些教师对学生管理十分敏感和不适应，工作中要花费很多时间和精力来处理学生纪律问题，尤其是小学教师，管理学生的困难和由此对教学产生的干扰成为一些教师出现工作倦怠的重要原因。还有些教师对工作所需的人际互动不适应。某些教师对如何处理好多重人际关系（与学生、家长、同事和领导）感到无所适从，也缺乏这方面的培训和辅导。只要有一个方面的关系处理不好，就容易产生压抑感和疏离感，这种状态将直接影响教师对自身工作的满意度。与人际关系密切相关的组织支持也会对工作倦怠带来影响。如果校领导没有对教师给予必要的关注、同情和支持，教师原本低成就感的工作状态就会加剧，同时也会使工作倦怠的进程进一步加速，工作倦怠的程度进一步加深。不过需要指出的是，对教师的社会支持不只是来自学校的领导，周围同事和学生的理解与支持同样非常重要。此外，家庭、社区、专业团体和社会媒体都应该承担起支持工作倦怠易感人群的责任。最后，一些教师的人格特征和神经类型也与工作倦怠存在一定关系。多虑、敏感、争胜、外控类型的人更容易产生工作倦怠，具有所谓 A 型性格的人也容易感染上倦怠症状。

——教师工作倦怠的发生特点

一些研究发现，教师工作倦怠的发生和发展具有一定的规律性。比如在教龄与倦怠的关系上，情绪衰竭和去人性化现象在教师工作 6-10 年中逐步加剧，11-20 年达到高峰，问题最为严重。而与此同时，职业成就感则不断增强，工作 20 年后达到高峰。这说明教师的工作倦怠与教师的成长阶段息息相关。在职称与倦怠的关系上，有调查研究表明，作为中学骨干力量的一级教师的倦怠水平比高级教师和二级教师都高一些，这可能与一级教师承受更多的工作压力有关。在倦怠与学校类型的关系上，普通中学的教师在情绪衰竭、去人性化和低成就感等倦怠维度上都比重点中学的教师严重，这可能与普通中学的面临的教学任务和教学问题有关，重点中学的高升学率在一定程度上抵消了教师职业成就感下降的主观感觉。从这个角度来看，调查研究的时间也会对调查结果产生影响。如果是在升学毕业后立即进行这样的调查，有可能会造成普通中学和重点中学教师工作倦怠水平的差异。此外，课时量也与工作倦怠有关。周课时在 5 节以下和 20 节以上的教师容易出现倦怠现象，同样显示工作负荷过低和过重都不利于教师维系正常的工作状态。①

教师工作倦怠的以上特点提示我们在应对倦怠问题时应该重点针对教师中的特定人群。比如中高级职称、中等教龄、高度负荷的教师，应该成为工作倦怠治理的重点对象。具备这些工作特征和处于易感关键期的教师，应该增强识别和应对工作倦怠的意识和能力。

工作倦怠的应对策略

虽然教师职业的某些特点容易促使教师产生工作倦怠，但是倦怠状况的缓解与改善是完全可行的。只要积极地改变、充实自己，就能够平稳地度过工作倦怠的关键期。在应对工作倦怠的各种方法中，教师自身的压力管理和心理调试固然很重要，可以通过心理保健知识与技能的学习和辅导，自己创造条件进行必要的压力管理、情绪调节和放松训练，缓解工作倦怠伴随的各种负面情绪和躯体紧张。但是更为重要的是，教师和学校都应从影响和产生工作倦怠的源头出发，消除工作倦怠产生的土壤和条件。

——明确工作倦怠的状态

及时地识别和发现倦怠状况，才能有针对性地采取缓解倦怠的方法和措施。我们可以从自己的心理与行为变化上去发现问题，帮助自己确认目前的工作状态是否正处在工作倦怠的困扰之中。这是明确工作倦怠状态的最有效方法。应该定期地对照工作倦怠的主要症状表现，或采用标准化的工作倦怠评价量表，及时发现自身是否存在工作倦怠的倾向或问题，尽早明确自身工作倦怠的症状分布，以便对症应对。如果是情绪衰竭和人际冷漠的问题，就应该重点进行必要的心理调节和情绪宣泄，主动地接受人际互动方面的技能训练，寻求相关方面的社会支持和情感交流。如果是低成就感和知识匮乏的问题，就应该采取一些措施增强工作的创新性和新异性，主动寻求知识更新

---

① 邢金萍．教师工作倦怠的背后——教师工作倦怠相关因素的调查与研究［J］．河南大学学报（社会科学版），2006（1）：160-163.

和专业培训。总之，首先要明确问题的所在，不能总是任凭自己处于混混沌沌的倦怠状态而无动于衷。

——增强应对倦怠的资源储备

职业枯竭是对教师自身资源的过度消耗，为自己储备和注入资源是有效缓解职业枯竭的主要手段。资源的内容包括心理、体能、知识、社会支持等方面。

首先，需要培养和塑造积极的心理特征，提高承受工作压力的耐受力和抗逆力。积极心理可以有效对抗和缓解工作倦怠形成的消极感和枯竭感。可以将这种阶段性的倦怠看作是一种休息和调养，看作是人生的一个停靠站，不必刻意去对抗自己的消极认知和情绪。实际上工作倦怠的产生就是机体对长期压力状态的一种适应性反应。遇到倦怠情境，不需要自责，没必要消沉，要以平常心和乐观态度看待所处的职业低潮期，意识到这一切都只是暂时的、一过性的，一如既往，顺其自然，保持正常的工作和生活节奏，经过积极的调整和应对，迟早会度过这段倦怠时光。

其次，教师应该进行一定的体能储备，通过休息、放松或锻炼来缓解生理上的疲惫。在工作倦怠发生过程中，心理上和生理上的倦怠是相互影响、相互强化的，身体上疲惫也会深化情绪上的枯竭，因此需要特别重视体能的储备和恢复。应制定一个可持续的锻炼身体计划，选择适合自己的运动项目，每周坚持2-3次的有氧运动。同时还要定期进行身体放松训练，很好地利用假期和平时闲暇时光，真正为自己的心理和身体放假。

第三，教师必须增加必要的知识储备，这是增强职业自信、缓解工作倦怠的有效手段。做过教师的都知道教学过程中一杯水和一桶水的关系。如果常年从事相同的教学内容，原有的知识消耗殆尽，又没有补充新的专业知识，很难站在更高的高度来把握知识的传授过程，知识的枯竭感会自然而生。应该通过专业培训、攻读更高学位、参加专题研讨等方式丰富教师的知识内容，不断充实自己的知识库存，就可以从职业枯竭的状态中恢复过来，并提高自己应对教学压力的能力。

第四，社会支持也是资源储备的重要内容。许多研究表明，在长期压力情境下，能够得到同事、朋友、家人或亚群体成员更多支持的人，应对压力的耐受性更强，承受压力的康复力也更强。教师工作倦怠的一个重要表现就是人际疏离，教师的职业也具有广泛的社会性，因此，社会支持对于应对和缓解工作倦怠有着特殊的作用。一方面，教师要认识到社会支持的作用，主动寻求和充分利用各种可能的社会支持，增强自己应对工作倦怠的资源储备。另一方面，学校领导、同事、学生、家人和社会成员也应该为教师提供强有力的情感和物质支持，尽可能缓冲工作倦怠对教师形成的心理压力，保持和维护教师的心理平衡。特别是来自学校领导的支持与理解对于缓解教师工作倦怠具有积极作用。社会支持不但包括实际的物质支持，如必要的物质奖励和生活条件供给，还包括情感上的倾听、关怀和鼓励等。

——运用合理的应对方式

积极心态应对。前面提到过，采用积极的应付方式，心情舒畅，乐观向上，对未来充满希望，有利于平稳地度过倦怠阶段。而采用消极的应付方式，心情低落，悲观自责，甚至逃避、退却，反而会加剧倦怠的负面情绪体验。在这方面，有很多具体的方法和途径可以帮助我们塑造积极的心理与心态。

寻求专业帮助。如果发展到情绪严重低落和压抑，出现了抑郁倾向，或者躯体反应较为严重，出现相关的疾病体征，就应该寻求专业帮助。对于许多处于工作倦怠的教师来讲，主动寻求心理干预是非常必要的，需要专业的心理辅导和咨询及时缓解和纠正，这样可以保证问题不会向心理障碍的方向发展。尤其是那些具有相关人格基础和不良生活环境的教师，专业的心理干预应该是首选的应对方式。在这方面，教师可以到专业的心理辅导和咨询机构寻求帮助，也可以发挥中小学心理咨询室和心理辅导员的作用，提供必要的心理援助。此外，教师还可以通过专门的热线电话、网上咨询、心理健康课程等方式获得心理学专业工作者的帮助。

发展专业和职业外兴趣。针对工作倦怠引起工作成就感降低的问题，可以通过发展自己的专业兴趣，提高自己的专业知识和能力，来获得额外的成就感补偿。如可以利用业余时间攻读研究生或在某个专业方向上进行深入研究；可以参加国家或地方自然或社科基金项目的申请，获得科研立项和资金支持；可以争取在专业期刊上发表论文等多种途径，提高自己的成就感和自信心。此外，职业外兴趣也有利于注意力转移，平衡本职工作带来的倦怠感和低成就感，获得积极的心理评价。如理科教师可以选择一个自己喜欢的文科学科来开发自己的职业外兴趣。也可以通过书法、篆刻、绘画、文学创作、博客等方式，丰富自己的职业外爱好，这些都能很好地补偿工作倦怠时期的自信心缺失，对倦怠心理是一种很好的调节和缓冲。当然，无论是专业兴趣还是职业外兴趣，都应该以不影响和怠慢本职工作为前提。

——进行必要的工作调整

对于处于工作倦怠状态的教师，调整工作岗位可以提高工作的新异性和挑战性，缓解工作倦怠及其伴随的消极作用。应该定期轮换与调整长期从事毕业班工作的教师，实际上许多学校也是这样做的。对于倦怠情况严重并且确想离职的教师，从保护教师心理健康和学校教学质量的角度来考虑，适当调换工作岗位也是合理的。

神经衰弱的表现与形成

在临床上，神经衰弱属于轻度神经症的一种。教师常年从事超负荷的脑力劳动，容易引起大脑皮层兴奋和抑制功能紊乱，长此以往，容易产生神经衰弱症状。根据职业压力状况的调查分析，教师人群中存在神经衰弱症状的比例是很高的。因此，有人说神经衰弱是教师的一种职业病。不过，大多数人没有发展到神经衰弱症的程度，只是存在神经衰弱的某些症状，处于典型的心理亚健康状况。遇到这种情况，早期识别和发现神经衰弱的症状表现，及时采取心理调试的方法，有助于及时缓解和消除症状，恢复正常的工作和生活状态。

——神经衰弱的症状表现

神经衰弱的主要特征是精神易兴奋却又易疲劳。许多教师在经历了一个学期的紧张工作之后，都伴有身心疲惫的体验。但是一般性的疲劳经过短暂的休息和调整，很快就会恢复常态。不过神经衰弱的早期表现并不是单纯的身体疲惫，还伴有紧张、焦躁、易怒等情绪症状，和长期失眠、紧张性疼痛等躯体症状。可以对照以下列出的神经衰弱的主要症状表现，对自身可能存在的心理健康异常问题及时作出识别和判断。

（一）情绪与精神症状

精神异常兴奋。长时间不能放松神经，精神特别容易兴奋。不但对工作内容感到紧张兴奋，对一般性日常活动，如看电视、读报纸、谈家常等，也表现出异常的兴奋和投入，不由自主地回忆、联想和思考，把自己折磨得很累，但还是放松不下来。在需要睡眠和休息的时候也是如此，神经总是紧绷着，浮想联翩，难以自持。对各种感觉和精神刺激非常敏感，平时听不到的声音总是在耳边缠绕回响，平时想不起来的事情都浮现出来，平时无法体验到的感觉也能感受得很清楚，如体内的胃肠蠕动、皮肤的触觉等。一般认为，出现感觉和精神异常兴奋的情况，是由于感觉阈下降所导致的。在这种情况下，人体对各种物理和精神刺激更为敏感，属于典型的心理健康异常症状。

情绪与精神倦怠。倦怠或疲劳是神经衰弱的另一项典型症状。由于长时间精神兴奋，能量消耗过多，必然导致一系列衰弱症状，主要是精神上的疲劳。如脑力不足，不能集中注意力，记忆力减退，思考与反应迟钝，工作效率减退，干什么事情都觉得累，干什么事情都不能持久。但是欲念和愿望十分活跃，常有心有余而力不足的感觉，心里想的事很多，就是懒得去做。

情绪异常波动。与疲劳感相伴随的是情绪上的起伏不定和易激惹。主要表现为烦恼压抑，面对生活中的各种挫折和困难，常觉得困难重重，唉声叹气，缺乏耐性，裹足不前，提不起精神来。其次表现为易怒易激，对情绪的自我抑制力下降，导致情绪波动大，容易激惹急躁，稍不顺心就发脾气，遇到伤感的事就激动流泪，缺乏正常人所具备的忍耐性和抑制力。

（二）躯体症状

失眠多梦。神经衰弱的一个典型表现就是以失眠为主的睡眠障碍。一般说来，睡眠是人脑和机体的最好休息方式之一。但是神经衰弱导致神经易兴奋，致使大脑皮层难以抑制兴奋活动，大脑静不下来，思维活跃，浮想联翩，而且对周围各类声光刺激异常敏感，入睡困难或睡眠不实就出现了。不但失眠，而且容易惊醒，醒后又难以再睡，睡眠时间太短，睡眠质量不高，总感觉睡得不踏实，睡醒后无清新感觉。白天头昏脑胀，思维混沌，工作和生活效率下降，晚上又担心失眠，产生紧张焦虑情绪，更不容易入睡，形成恶性循环，最终导致长期失眠。尽管采用各种方法来防止失眠，但精神和神经兴奋的主要症状得不到缓解，各种催眠办法都是徒劳。当事人常为此感到痛苦不堪，焦虑、紧张、烦恼反复得到强化，成为神经衰弱症状的典型表现。

紧张性疼痛。以紧张性头痛最为常见。常感到头脑发胀，头部紧压感或颈项僵硬，一般无固定部位，疼痛的程度也不十分严重，但是持续存在，很久都不得缓解。有时还伴有头昏（不晕）症状，头部感到昏昏沉沉的，影响正常思维活动。其他躯体症状还表现为腰背或四肢肌肉疼痛。这种紧张性疼痛与情绪紧张密切相关，与身体的劳累无明显的关联，即使休息也无法真正缓解。

心理生理障碍。还有一些与心理障碍有关的生理功能紊乱症状，如头昏、眼花、耳鸣、心慌、胸闷、气短、腹胀、尿频、多汗、阳痿、早泄、月经不调等。这些症状也会断断续续存在，容易被误解为身体不适，但经临床检查后并没有发现其他病理原因。

如果以上症状持续很长时间一直存在，经休息和娱乐仍不能缓解，就有可能存在神经衰弱的情况。根据以上描述，可以按照以下问题对自己可能出现的神经衰弱症状作出简单的评定：

- 感到神经总是紧绷着，难以放松；
- 对声音和光的刺激常敏感；
- 总是浮想联翩，停不下来；
- 感到脑力不足；
- 做事情都不能持久；
- 不能长时间集中注意力；
- 感到心有余而力不足；
- 提不起精神来；
- 容易激惹急躁，发脾气；
- 入睡困难或睡眠质量不高；

• 头脑发胀、疼痛；

• 出现一些生理功能紊乱症状。

如果以上症状长时间存在，超过 3 个月就可能发展成为神经衰弱症，有必要到医院作出诊断，对症治疗。

——神经衰弱的主要原因

长期的、持久的情绪紧张和精神压力可能是神经衰弱的主要原因。有研究发现，工作任务重、要求高、时间长，注意力高度集中，长期从事脑力活动的职业人群最容易出现神经衰弱问题。教师的工作基本都符合这些特点，因此也成为神经衰弱的重点“关照”对象。

神经衰弱问题的另一个重要原因是由特定应激事件引起的长期心理冲突和焦虑。主要影响因素包括无序的生活状态，人际关系紧张，婚姻家庭问题，工作角色不适应，突发应激事件等。当然，个体的人格和生理基础也与神经衰弱存在相关。为人处事较为敏感、内倾，自我要求高的人，往往容易出现神经衰弱问题。特定的神经类型也可能是神经衰弱的致病基础。

神经衰弱的心理调试

如果神经衰弱问题发展成为神经衰弱症，就应该配合一定的药物治疗。常用的抗焦虑药物可以明显改善紧张情绪，降低焦虑水平，消除紧张的躯体反应。因此如果您的躯体症状较为明显和严重，不要刻意回避药物治疗。但是对于不符合神经衰弱诊断标准的一般性的神经衰弱问题或症状，采用心理调适更为适合。

神经衰弱问题的心理调适主要针对该问题的三大主要症状表现，即失眠、紧张和倦怠。失眠是个难题，有很多调适方法，但并不是对每个失眠的人都适用。不过弄清楚失眠的基本原理对我们选择适合自己的催眠方法十分有益。简单来讲，失眠的主要原因在大脑始终处于弥散性的兴奋状态，不能很快转换为抑制状态，因此不能入睡。解决这一问题的关键在于，先将弥散性兴奋调整为集中性兴奋，然后使集中兴奋点的兴奋逐渐减弱，最终实现全面抑制。

经过专门处理的音乐疗法比较适合这一过程。

——音乐调适法

可以到市场上购买配有放松指导语的催眠功能音乐 CD。如果音乐 CD 光盘没有指导语，也可以采用一般的功能音乐，将其与系统放松的指导语录制在一起。录制过程中要注意音量要逐渐减弱，在最后作消音处理。倾听催眠功能音乐的原理在于，先将大脑注意力全部集中在调适音乐和放松指导语上，达到一定时间之后，大脑皮层就只留下倾听音乐这一个局部兴奋灶，周围的弥散性兴奋得到抑制，不会再胡思乱想其他的杂念了。再经历一段时间之后，调试音乐逐渐减弱，诱导皮层兴奋水平逐步减弱，直到最后音乐声消失，很低的兴奋水平也随之转换为抑制状态。

——思维停止法

如果有独自睡眠的条件，也可尝试思维停止法来应对失眠问题。当你浮想联翩、胡思乱想的时候，基本上处于一种强迫思维状态。越不想越想，思绪总也停不下来。此时应该闭上双眼，将头脑中反复出现的问题大声讲出来，讲出来后再大声说“停止”或“到此为止”。让自己意识到这些问题已经思考过了，已经有结论了，不要再思虑了。一旦思维停止得到了确认，您的心绪也会逐渐平静下来。

——森田策略

森田疗法也是一种有效的失眠应对策略。严格来讲，这并不是一种具体的方法，而是应对失眠和衰弱问题的一种策略。森田策略的基本思想是“顺其自然，为所当为”。即承认现实，不咎原因，将错就错。在你失眠和焦虑的时候，放弃对催眠的所有努力，不再想如何克服和摆脱情绪困扰，就像应对口吃问题那样，越是注意让自己不口吃，越是控制不住地口吃。作为注意转移的替代活动，应该是那些不致引起深度思考和大脑兴奋的简单性活动，如手工、书法、演奏、听广播等。将注意力从对自身问题的过分关注转向外部。什么时候累了、困了再上床睡觉。

——**身体运动**

规律性的身体运动也是应对失眠和衰弱问题的有效方法。许多人都刻意安排在睡觉之前运动，但是效果并不明显。实际上，运动时间的选择并不重要，但睡前运动对某些人的确不太适合。最好将运动时间安排在白天或晚饭后。关键是要长期坚持运动，形成规律。身体运动的作用并不是直接有利于入睡，而是有助于调节当事人的神经质特征，缓解紧张情绪状态，促进睡眠问题的改善。

以上各种方法可以有效地缓解神经衰弱的症状表现，但是解决神经衰弱问题还是要治本，即针对神经衰弱的病因，追寻问题的源头，解决好工作压力和心理冲突问题。通过调换工作岗位，调整工作节奏，加强时间管理，缓解心理冲突，来消除神经衰弱问题的致病因素。

本讲小结

教师的心理亚健康主要表现为工作倦怠和轻度的神经衰弱，这与教师的职业特点和当今的教育生态存在直接的关联。全社会对教育的过度期待已成为教师心理亚健康的主要推动力。一定程度上，学生不能实质性减负，教师的心理亚健康状况就很难得到有效改善。尽管如此，还是有许多方法和措施帮助我们适当缓解心理亚健康带来的困扰。比如更为积极和泰然的心态，增强知识和能力储备，开发职业外的专业兴趣，坚持有规律的运动，积极参加亚群体活动，主动寻求心理辅助等。这些活动可以帮助我们找回生活的目标和希望。目标和希望是战胜心理亚健康的最有效武器。

第六讲　应对心理健康异常策略之三：心理与精神障碍的识别

当一个人发现，由于心理问题他不能满意地生活了，这可以被认为是患了心理障碍。①

——罗森汉

心理与精神障碍是比较严重的心理健康异常形态，在教师人群中也有少量存在。所谓精神障碍（也称心理障碍）是指心理和精神出现了病态异常，表现出精神疾病的某些症状。只不过在这一类严重的心理健康异常情况中，又根据病情的轻重和引发疾病的原因，分为不同类别或病症，其中有的被称为精神障碍或心理障碍，有的被称为精神疾病。从医学临床的角度来看，此类问题的诊断和治疗多在综合医院的精神科或精神病专科医院中进行。从学科研究的角度来看，此类问题更多属于精神医学的研究范畴。因此在本讲内容中，我们将此类问题统称为精神障碍（心理学多称心理障碍）。以下概括介绍了不同类别的精神障碍、常见症状和疾病的识别与预防等内容，可以帮助我们在最短的时间内了解和认识精神障碍的全貌，掌握一些识别精神障碍的知识和方法，这对于我们及时发现自身和学生中的心理与精神障碍非常有帮助。

---

① 罗杰·霍克. 改变心理学的40项研究［M］. 北京：人民邮电出版社，2010：266.

精神障碍是如何分类的

精神障碍与一般心理问题和心理亚健康的最大不同之处，在于认知、情绪、行为等社会适应性的改变，有的伴有明显的痛苦体验，有的心理或生理功能受损，有的二者都存在。这些改变一旦发展成为具有诊断意义的精神异常问题，就被认为是产生了不同程度的精神障碍。比如目前让人们颇为关注的抑郁症，患者一般都伴有明显的抑郁情绪，思维活动速度减慢，严重抑郁发作的患者常伴有自杀的观念和行为。再比如人格障碍，通常伴有严重的社会交往问题，有的也会体验到持续的紧张感和忧虑情绪。

从精神障碍的诊断和分类标准来看，精神障碍大概可分为四种类型：第一类是脑部或躯体性疾病导致的精神障碍，也称器质性精神障碍，如脑外伤、颅内或躯体感染会导致精神、行为或人格的改变。第二类是精神活性物质导致的精神障碍，如酒精、烟草、镇静剂、毒品等对人类情绪、行为和意识状态的改变。第三类是与心理社会因素相关的精神障碍，也称为功能性精神障碍，如精神刺激导致的应激障碍或精神分裂症等。当然，功能性精神障碍也会伴有神经系统的病理性变化。第四类是儿童发育过程伴随的各类精神障碍，如精神发育迟缓、儿童孤独症（自闭症）、多动症等，多与脑部发育受损有关。

在成年人的功能性精神障碍中，按照症状表现的严重和危害程度不同，可以将其由轻到重地划分为不同的类别和亚型（见表 6-1）。

表 6-1　功能性精神障碍的基本分类

较轻的精神障碍				→较重的精神障碍
神经症	人格障碍	应激障碍	心境障碍	精神病性障碍
恐惧症	偏执型	急性应激障碍	躁狂症	精神分裂症
焦虑症	反社会性	创伤后应激障碍	抑郁症	偏执型精神障碍
强迫症	分裂样	适应障碍	恶劣心境	情感性精神障碍
神经衰弱	冲动性		双向障碍	其他精神病性障碍
躯体化障碍	神经症型		环性心境障碍	
癔症				

精神障碍的主要病症

——神经症

通常，普通人总是将神经症与精神病混淆在一起，或是认为患神经症的人大脑神经出了什么问题，觉得神经症和精神病一样严重，因此很是忌讳。事实上恰恰相反，神经症的最大特征就是没有相应的器质性病变，在各类精神障碍中病情属于比较轻的一种，是一种非致死性的、非精神病性的心理障碍。

神经症的英文原词是 neurosis，以前称为神经官能症，现在也称为神经症性障碍。这是一组精神障碍的总称，其中包含恐惧症、焦虑症、强迫症、神经衰弱、躯体化障碍和疑病症等。例如恐惧症患者中有人对空旷的场所异常敏感和恐惧，有的人在当众阅读或讲话时紧张异常，甚至出现昏厥。再例如焦虑症患者整天忧心忡忡，坐立不安，严重影响正常的工作和生活。尽管各种神经症有不同的表现形式，但是这些不同类型的神经症都有一些共同的特点：

一是发病原因常与心理社会因素有关，这些因素多表现为各种形式的应激事件，主要是人际关系、婚姻与性关系、工作、生活等方面的问题，或是某些特定的事物。这些应激事件之所以会对患者造成心理障碍，主要原因在于应激事件往往对神经症患者具有某种独特的意义，在普通人看起来无足轻重的事物，在神经症患者面前就变得异常敏感。这也涉及神经症的第二个共同特征。

二是患者常具有一定程度的人格基础或易感素质。神经症患者对特定的事物异常敏感，往往与其人格特点有关。比如追求完美的人易患强迫症，A型性格的人中患焦虑症的人也较多见。一般认为，过分敏感、多愁善感、悲观孤僻的人，患神经症的可能性比普通人要高一些。在人格障碍中也存在神经症型的人格障碍。这里提到的所谓易感素质，是指个体生来具有的某些遗传因素，这些因素可能与神经症的患病概率存在一定关联。尽管如此，依照目前的诊断分类标准来看，神经症症状没有相应的器质性病变，还是属于功能性障碍。

三是症状较轻微，一般没有明显或持续的精神病性症状，如幻觉、妄想、思维逻辑障碍、紊乱和怪异行为等。尽管个别神经症患者的行为不能被普通人所理解，比如反复洗手的强迫行为，但这些行为一般都是一过性的，通常是为了缓解焦虑，行为过后心理就很释然。当然，很多神经症患者在发病时会伴有严重的焦虑和痛苦体验，心跳加快、血压升高、意识狭窄等生理反应也会出现。但相对其他精神病性精神障碍而言，神经症的症状表现还算轻微的。

四是患者的社会功能相对完好，一般有自知力和求医诉求。这一点与精神病性精神障碍不同。大多数神经症患者都能正常工作和生活，但是工作、学习和生活效率以及对不同环境适应能力会有所降低，或受到一定程度的影响。此外，大多数神经症患者都能保持较好的自知力，能够知觉和认识自身存在的痛苦和问题，并且主动寻求治疗。

——人格障碍

人格（personality）是一个心理学术语，经常与个性（character）一词通用，是指一个人稳定的行为方式。人格障碍即是患者的人格明显偏离普通人的行为习惯，与其他人格格不入，与众不同，并且出现了严重的社会适应问题。一般认为，与气质相比，人格特征更多地受到后天生活环境的影响，但也不能完全排除先天和遗传的作用，以及其他生物学因素的影响。因此，人格障碍的形成也更多受制于后天环境，尤其是童年期的家庭和生活环境。因此人们担心单亲家庭和不良的家庭或学校氛围会使孩子形成不良人格是有一定道理的。不过科学研究也提示，有些人格障碍也存在一定的生物学基础，可能与大脑发育成熟迟缓有关。

人格障碍不单是行为方式的与众不同，其危害在于使患者为此感到痛苦或使他人遭受磨难，患者对社会生活的适应出现严重问题，严重的会丧失社会和职业功能，不能像正常人那样学习和生活。根据人格障碍的不同表现，一般有以下常见的人格障碍：

偏执型人格障碍。以猜疑和偏执为主要特征，多见于成年男性。其主要的临床表现为，对挫折或周围事物过度敏感、多疑；容易将别人的一般行为误解为敌意或轻视，容易同他人发生争执和对抗，好提意见，常有抗议，总有不满；心胸狭窄，对侮辱和伤害不能宽容，长期耿耿于怀，并寻机报复；对配偶或爱人的忠诚总有怀疑，对对方正常的异性交往表现出异乎寻常的不快；过分自负，自我中心，总感觉不公平、受压制；过分警惕，对别人抱有敌意。

分裂样人格障碍。该类人有着奇特的观念、行为和外貌装饰，情感冷漠，人际关系存在明显缺陷，同样男性多于女性。明显的内向、孤独、被动和退缩，与家庭和社会疏远，除生活或工作中必须接触的人外，基本不与他人主动交往，离群索居，孤芳自赏；表情呆板，情感冷淡，不能表达对他人的正常情感，对他人的情感也漠不关心，对赞扬和批评反应冷淡或无动于衷，缺乏幽默感和愉快感；常穿着奇装异服，不修边幅，行为怪异，明显与众不同且不符合正常的行为规范；常有奇异想法，将自己怪诞的思想认为是创造性成果，因得不到他人的认可而备受挫折。

反社会人格障碍。以常违反社会行为规范、对人冷酷无情、价值观严重扭曲为主要特征。也是男性居多。表现为缺乏或丧失责任感，无视社会常规、准则及义务，甚至违法乱纪；对挫折的耐受性偏低，易激惹，微小刺激便可引起冲动甚至暴力行为；不能与他人维持长久的人际关系，对他人漠不关心，不承担应尽的义务；经常撒谎、欺骗他人以获得个人利益；极端自私和自我为中心，对他人的痛苦和担忧漠不关心。反社会人格与违法犯罪关系密切。

冲动性人格障碍。这是一种多见于女性的人格障碍。易与他人发生争吵和冲突，情感易爆发，行为冲动时难以控制，但事后又后悔；有突发的愤怒和暴力倾向，可有自伤或自杀行为；在日常工作和生活中缺乏计划性和目的性，预见能力明显受损，做事情不计后果，虎头蛇尾，经常半途而废；人际关系不稳定，容易产生人际关系紧张，时常导致情感危机。

神经症型人格障碍。包含强迫型、焦虑性、表演性人格障碍，除了具有相应神经症亚型的行为特征以外，强迫型人格障碍表现出过分谨小慎微、内心不安全感和过度追求完美的心理特点。焦虑性人格障碍患者总是喜欢被人接纳和认可，不愿意听取别人的批评意见，易受别人暗示和影响。表演性人格障碍则是感情用事，依赖性强，情绪不稳定，人格不成熟，特别喜欢引人注意，表情和动作夸张。

——应激障碍

与心理亚健康状况中个体对压力的应激反应不同，应激障碍是指对应激刺激的反应在强度或持续时间上超过了一定的限度，产生了一定程度的精神障碍，出现了精神障碍症状。由于个体的心理素质、应激反应方式、心理和身体健康状态的不同，人们对应激事件的反应程度也会有所不同。有的人面对突发或强烈精神刺激可以从容应对，但有的人会出现较严重的应激障碍。

应激障碍造成精神障碍症状的持续时间可长可短，有的在几天内即可缓解或消除，有的病程要历经数月。根据应激来源和反应时间的不同，可以将应激障碍分为急性应激障碍、创伤后应激障碍和适应性应激障碍三种情况。

急性应激障碍。急性应激障碍是指由于突发的、严重的应激事件很快产生的短暂的精神障碍，伴随有异乎寻常的情绪和精神反应。这类应激障碍有四个特征：一是起源于对人的心理和精神造成很大冲击或伤害的突发事件，如自然灾害、伤害事故、战争，被强暴、侮辱或辱骂等。二是起病迅速，通常在突然性应激性事件后立即（一般在 1 小时内）出现强烈的应激反应。三是出现不同程度的精神障碍症状，主要表现为强烈的情绪反应，如嚎啕大哭、狂笑等；短暂的生理反应，如出汗、心悸、呼吸困难、颤抖等；轻度的意识障碍，否认所发生的事件，拒绝交谈和回忆应激事件；精神运动性抑制，呆滞、缄默不语；行为冲动盲目，如大量饮酒、自伤、奔跑等。这些都可导致患者的社会功能严重受损，短时间内不能维持正常的工作和生活状态，需要有人陪伴或帮助。四是病症存在的事件比较短，一般不超过 3 天或 1 周，如果症状表现持续时间超过 1 个月，就属于创伤后应激障碍。

创伤后应激障碍。创伤后应激障碍是指受到威胁性或灾难性心理创伤，导致延迟出现和长期持续的精神障碍，创伤性体验在患者的意识中反复重现。这类应激障碍也有四个主要特征：一是精神障碍可能延迟发生，可以在创伤事件后数日至数月后发生。二是出现重复体验，常以错觉、幻觉等方式在大脑中反复呈现创伤性事件（也称闪回），仿佛身临其境，旧地重游，此时会伴有非常痛苦的情绪和生理反应，如恐惧、心悸、出汗等。三是持续出现警觉性增高以及对创伤性体验的回避反应，如易受惊吓，睡眠困难，过分担忧等，极力回避与创伤性体验相关的人物、地点、事情、话题、想法等，甚至会对相关事物出现选择性失忆，同时拒绝与人交往，冷淡，丧失兴趣和信心等。四是病程较长，一般至少在3个月以上，少数人会持续几年，甚至伴随终生。

适应障碍。适应障碍是指在个人生活状态或环境发生明显改变或在应激性事件后的适应期内出现的短期或轻度的情绪反应。适应障碍也有明显的诱因，通常是明显的应激性生活事件或生活环境的巨大改变，如离婚、搬迁、移民、退休、失业、轮岗、出国等。一些独自出国留学的年轻学生会因环境突变而出现适应障碍。发病一般延迟在应激事件发生后的1个月内，主要临床表现有抑郁、焦虑、烦恼、紧张等情绪反应，失眠、疲乏、食欲不振、体重减轻等生理反应。病症表现一般持续1个月以上，但基本不超过6个月。在此期间，大多数适应障碍会逐渐缓解，愈后良好，但也有人由此转化为其他更为严重的精神障碍，如抑郁症等，因此即使对程度较轻的适应障碍也不能掉以轻心。

——心境障碍

心境障碍一词对普通人来说比较陌生，但是抑郁症却是经常引人瞩目的。实际上，抑郁症就是一种心境障碍。心境障碍是以显著而持久的情感或心境改变为主要特征的一种精神障碍。与前面介绍的神经症不同，心境障碍属于一种较为严重的精神疾病，除了明显的情感高涨或低落之外，常伴有认知和行为的改变，有的可产生精神病性症状。与神经症的另一个不同之处在于，心境障碍的发病原因多以遗传和脑神经的器质性改变为基础，同时也与应激性生活事件等心理社会因素有关，某些负性的生活事件，如离婚、丧偶、严重躯体疾病或重大家庭变故等，均可导致抑郁症。

心境障碍包括躁狂症、抑郁症和双向情感障碍等类型。

躁狂症。也称躁狂发作。主要表现为情感高涨，伴有愉快体验，高度兴奋，情绪躁动；思维奔逸，思维内容丰富多变，语速很快，且时常突然改变话题，语义不连贯；不单思维奔逸，行为也奔逸，表现为活动和动作频繁，行动随心所欲，自觉精力充沛，到处指手画脚，自我控制能力明显减弱，睡眠需要减少。躁狂发作的一个主要危害是多数患者自知力丧失，不能维持正常人的认知和思想状态，有的还伴有幻听、幻视、妄想等精神病性症状，因此会带来较严重的社会适应问题。躁狂发作表现较轻的情况叫作轻躁狂。

抑郁症。抑郁症是目前较常见的一种较严重的精神障碍，也称抑郁发作。与上述躁狂发作相反，抑郁症的主要特征是情感低落、思维迟缓、意志活动减退和躯体症状为主要特征，主要表现为持久的情绪低落，悲观厌世，自我评价过低；反应迟钝，少言寡语；被动退缩，希望远离正常的社会生活，由此导致社会功能明显受损。严重的抑郁发作会伴有自杀观念和行为，抑郁症患者的自杀死亡率高达15%，这也是为什么人们对抑郁症特别关注和恐惧的原因。抑郁障碍较轻的情况称为恶劣心境，虽然情绪低落，抑郁寡欢，但有自知力，社会功能较为完好，该症可由心理亚健康中的长期抑郁心境发展而来。

双向障碍和环性心境障碍。双向障碍是指躁狂和抑郁发作反复出现两次以上，且符合单独发作的标准。环性心境障碍是指情感高涨和低落反复交替出现，但不符合躁狂和抑郁单独发作的标准，程度相对较轻。

——精神病性障碍

与前面介绍的各种精神障碍不同，精神病是一组对人的社会功能和认知能力造成严重损害的重症精神疾病，患者往往表现为感知、思维、情感和行为的异常，患者很难像常人那样正常生活和工作，常需要住院治疗，并且病程比较常，易复发，有时需要他人的陪护，有些人会终生致残。

精神病性障碍以精神分裂症最为常见。在精神分裂症的发病原因中，遗传、脑神经病变等生物学因素占据重要位置。但是研究也发现，精神分裂症也与社会心理因素有关。精神分裂症的患病率与家庭经济生活水平呈负相关，说明该疾病与社会经济状况有关。同时，精神分裂症也有一定的人格基础，许多患者病前性格多表现为内向、孤僻和敏感。此外，应激事件也会导致精神分裂症发病。不管这些社会心理因素是否构成精神分裂症的直接病因（可能仅仅是诱因，起关键作用的还是其生物学基础），还是应该充分重视社会心理因素对该病的负面影响和作用。

精神分裂症的症状表现多样、复杂，许多常见的精神异常症状在该病中都有发现。较为严重的症状包括联想障碍、幻觉和妄想等（参见本章第二节）。尽管精神分裂症对患者社会功能造成的伤害较为严重，但是该症的治疗和康复并不像常人想象的那样悲观。多数首次发作的精神分裂症患者都可以达到临床治愈，约有五分之一的患者可保持终生健康。因此在日常生活中，不应排斥和疏离那些已经康复的精神分裂症患者，也不要认为精神分裂症是什么不治之症。

常见精神异常症状的识别

精神症状是指通过人的认知、情感、意识和行为表现出来的异常的精神活动。在各种精神障碍中，精神症状的表现是复杂多样的。认识和了解一些常见的精神症状，对于积极预防和干预精神障碍具有很好的作用。在自知力良好的情况下，如果能够识别自身出现的某些异常精神活动，可以帮助我们尽早就医或寻求心理辅导。对周围存在精神异常症状的人，如果能够及早和及时发现其异常精神表现，也对其精神障碍的治疗和康复具有积极作用。

学习过普通心理学的教师都知道，个体的正常心理过程或精神活动一般分为认知、情感、意志、行为等过程。异常精神症状也主要表现在这几个方面。

——认知异常症状

认知异常症状主要包括感觉、知觉、思维、注意和记忆等方面的异常。

感觉异常症状。感觉异常主要有感觉过敏、感觉减退和体感异常几种情况。感觉过敏是对外界一般强度的刺激感受性增高。比如对正常音量的说话声、关门声或电视画声感到太吵甚至无法忍受，或对轻微的皮肤触摸感到疼痛难忍等。感觉减退是对外界一般强度的刺激感受性减低，比如对针刺的疼痛感降低，尤其是在抑郁状态下会出现感觉缺失的情况。体感异常是指感觉到躯体内部产生各种难以描述的不适，如牵拉、挤压、撕扯等，但是没有明确的定位。感觉异常多见于神经症、精神分裂症、抑郁症等精神障碍。

知觉异常症状。常见的知觉异常包括错觉、幻觉和感知综合障碍等。错觉是指对客观事物歪曲的知觉。如将地上的一条绳索看成一条蛇，把输液瓶标签上的一条黑线看成是蛆在爬等，一般带有恐怖色彩。幻觉是重症精神障碍中较常见的一种异常症状，是对不存在的事物的知觉体验，是一种虚幻的知觉，包括幻听、幻视、幻嗅、幻味、幻触、内脏性幻觉等，其中以幻听和幻视最为常见。有幻听知觉的人能“听”到别人的议论、命令、赞扬、责骂等，严重影响患者的思维、情感和行为。幻视患者能“看”到常具有恐怖性质的鲜明形象或画面。知觉异常的患者常叙述一些并不存在的事物是他亲眼看到的，亲耳听到的，无论别人怎么劝阻都坚信不疑，并作出相应的情感与行为反应。知觉异常多见于精神分裂症、器质性精神病等较严重的精神障碍。因此，知觉异常也是识别精神异常的重要指征，需要周围人的高度重视。

思维异常。思维异常的表现有多种多样，但多不能像正常思维那样保持思维的目的性、连贯性和逻辑性等特征。常见的思维异常包括妄想、强迫观念、思维奔逸、思维迟缓和思维混乱等。其中，妄想属于一种较严重的精神异常症状，是一种对现实事物的歪曲认知，常涉及患者本人并对此坚信不移。比较常见的包括认为别人故意对自己施以迫害的被害妄想，将环境中与自己无关的事物认为是与自己有关的关系妄想，认为自己具有超凡能力的夸大妄想，毫无根据地坚信自己患有某种疾病并四处求医的疑病妄想等。强迫观念是指脑中反复出现相同的或对立的思维内容，反复思索，反复回忆，难以控制。思维奔逸表现为联想速度加快，言语数量增多，内容丰富生动，思维单元一个接一个地不断涌现出来，而且话题极易随环境而改变。思维迟缓多见于抑郁症，表现为联想速度减慢、言语数量的减少，思维困难，言语缓慢，声调极低，反应迟缓。思维混乱表现为思维和言语单元缺乏内在逻辑联系，思维突然中断，被强制性插入不受患者意志控制的思维内容等。

注意异常。包括：注意增强，对环境保持高度警惕，过分注意别人“针对自己”的一举一动；注意涣散、减退和转移，注意力和注意目标不易集中，主动注意的稳定性降低，很容易受外界环境的影响而注意的对象不断转换，多见于神经衰弱和心境障碍等；注意狭窄，集中注意范围的显著缩小，当注意集中于某一事物时，不能再注意与之有关的其他事物。

记忆异常。包括：病态的记忆增强，对以前不能回忆且不重要的事都能回忆起来，充斥整个大脑；记忆减退或遗忘，记不住刚见过面的人或事，远记忆力也减退，回忆不起个人经历，某一段时间内的全部经历在记忆中部分或完全丧失；记忆错误，对过去曾经历过的事件的发生地点、情节和时间上出现错误回忆，但认为是对的且坚信不疑；虚构，即将想象的、未曾亲身经历过的事件回忆称为自身经历的事情。记忆障碍多发生于器质性精神障碍，但抑郁症和神经症也可见轻度的记忆异常。

——情感异常症状

在精神医学中，情感异常涉及情绪和心境两个方面。常见的情感障碍症状主要有焦虑、恐惧、情感高涨、情感低落、情感波动、情感倒错等。焦虑是心理健康异常的常见情绪体验，是一种忧虑不安、紧张惶恐的感觉，轻度焦虑只是情绪上的骄躁不安，较严重的焦虑常伴有心悸、出汗、抖动等自主神经功能紊乱症状。恐惧在许多精神障碍中都有表现，尤其是在恐惧症和精神病性障碍中，主要是对特定的事物产生一种无名的、难以摆脱的紧张感和恐惧感，严重的也伴有以上自主神经功能紊乱症状。情感高涨是一种病态的喜悦，与环境不相符的过分愉快或自我感觉良好。情感低落在抑郁障碍中较为常见，表现为独自忧愁、苦闷，悲观和绝望，常伴有思维迟缓和动作减少。情感波动是指情绪不稳定、不连贯，喜怒无常，有时因一点小事就引发强烈的情绪反应，易激惹，有时则对身边发生的重要事情缺乏应有的情绪反应。情感倒错是指认知活动与情感体验不协调产生的情感颠倒现象。比如本来认为是高兴的事情，却表现出悲伤的情感，或者大家认为是悲伤的事情，感情上却表现得很兴奋。情感异常一般出现在较重的精神障碍中，但是轻度的情感异常在心理亚健康中也有表现。

——意志异常症状

意志是人们克服困难、达成目标的心理过程。意志的异常表明患者在意志过程中表现得与众不同、与理不符。比如在病态状态下，患者可以持续坚持某些或某种行为，表现出极大的毅力和顽固性，这叫做意志增强；表现出缺乏积极主动性和进取心，对周围一切事物无兴趣以致意志消沉，不愿意参加正常的工作和学习活动，行为孤僻、退缩，这是意志减弱或意志缺乏的表现；遇事反复考虑，优柔寡断，常常难以作出抉择，严重影响正常的生活和工作，这也是一种意志异常症状。意志障碍常与情感和行为异常相伴随，也是识别和辨别许多精神障碍的重要特征。

——行为异常症状

行为是心理和精神活动的外在表现。精神异常往往通过行为异常表现出来。常见的行为异常包括强迫行为、兴奋行为、抑制行为和刻板动作等。强迫行为在强迫症中多见，是对强迫观念的执行或对抗，表现为反复重复某个动作，对刚才执行的动作表示怀疑，如锁门之后又反复检查，总是不放心。兴奋行为表现为心理活动的异常亢奋，言语增多，动作不断，情绪高涨，兴奋异常。抑制行为则恰恰相反，表现为动作缓慢甚至停滞，寡言少语，反应迟缓，面无表情，精神医学上称这种情况为“木僵”。刻板动作是指没有目的地重复相同的动作或言语，例如鲁迅小说《祝福》中的祥林嫂在其孩子死去后，见人就反复重复同一句话“我真傻，真的，我单知道下雪的时候，狼在山里没有东西吃，会到村里来，没想到春天也会有狼……”，不断地重复相同的言语，这就属于精神分裂症患者表现出的刻板言语。

——自知力异常

自知力是个体对自身心理健康状况的认识和判断能力，又称领悟力或内省力，对于精神障碍的识别和诊断非常重要。轻度的精神障碍，如神经症和部分应激障碍，以及恢复期的某些精神病样障碍，一般都具有自知力，患者能够认识到自己的精神症状是病态的，并主动寻求帮助或就医诉说病情。但是发作期的精神病患者一般伴有不同程度的自知力丧失，患者不认为自己有病，否认自身存在的精神异常症状，并且拒绝就医。临床上一般以自知力异常程度作为判定精神障碍病情轻重和病症好转程度的重要指标。

因此，如果身边有人明显存在上面提到的某些精神异常症状，但能够认识到自身的问题，对外界的帮助也不回避，那么说明该患者的精神障碍较轻。如果极力否认自身存在的症状和问题，就应该认真加以对待，尤其是在精神分裂症等较严重精神障碍的发作前期。

本讲小结

精神障碍或心理疾病是比较严重的心理健康异常形态，这是因为精神障碍多伴随痛苦的情绪体验和明显的心理与生理功能损害。在精神障碍的复杂体系中，主要由心理社会因素导致或与其相关的精神障碍叫作功能性精神障碍，也是与我们普通人最为接近的一类精神障碍。功能性精神障碍的病情由轻到重分为神经症、人格障碍、应激障碍、心境障碍、精神病性障碍等。这些病症都需要临床治疗，仅靠我们自身的心理调适或社会上的心理咨询是不能解决问题的。在很多情况下，功能性精神障碍需要药物和心理的综合治疗。总体上，精神障碍的治疗效果还是很好的。出现精神障碍或心理疾病并不可怕，选择专业治疗是首选和必要的应对手段。

第七讲 应对心理健康异常策略之四：心理与精神障碍的防治

我们像窒息一样，永远在黑暗中看不见阳光。在我们的记忆中堆积了大量疼痛、痛苦的感觉。这些疼痛感和痛苦情绪必须宣泄掉，否则我们不可能全身而退，摆脱焦虑，获得彻底康复……

——网友留言

尽管目前还没有教师人群中精神障碍与疾病的流行病学调查结果，然而从教师心理健康问题的研究文献中可以看到，教师人群中确有心理与精神障碍的发生。同时，考虑到教师的职业特点和心理健康的整体状况，精神障碍的患病人数和分布情况应该与普通人群比较接近。鉴于这类严重的心理健康问题不仅给患者身心造成极大损害，也可能给教学工作和学生带来严重的、不可估量的负面影响，因此，教师和学校应该重视和关注对心理与精神障碍的了解和预防。由于教师职业的特殊性，教师在传授知识的同时，还面临着培养和塑造学生健康人格和健全心理的特殊任务，因此对教师而言，精神障碍的预防具有非常重要的意义。教师、学校、家庭和医疗卫生机构对学校中的精神障碍预防都负有责任。以焦虑情绪为主要特点的神经症、以抑郁心境为主要表现的抑郁症、以人际交往障碍为主要问题的社交恐惧症以及由环境改变带来的应激障碍等，应该是教师人群中预防和关注的重点。

精神障碍的三级预防

前面提到过，大多数精神障碍都与心理社会因素有关，都与特定的应激事件存在某种程度的联系。即使这些心理社会因素并不是精神障碍的真正病因，但至少是诱发因素或导火索。如果说人们对生理的或生物学因素难以控制和预知，那么对可能导致或诱发精神障碍的各种心理社会因素，人们是可以预防和消除的。因此在一定程度上讲，精神障碍的预防是可行的。在这方面，精神疾病的三级预防可以帮助我们有效地抵御或缓解精神疾病对个体、家庭和社会造成的损害。

一级预防

精神障碍的一级预防是指针对精神障碍的病因进行预防，即通过消除或减少病因或致病因素来防止或减少精神障碍的发生，属于一种积极主动的预防措施。在学校情境中，开展精神障碍的一级预防具有很好的条件和优势。学校可以借助心理辅导系统的资源开展以下工作：

——将心理健康知识的普及和宣教列入常规教学工作中；

——主动参加心理健康方面的课程和辅导活动，进行心理宣泄，预防和减少精神障碍的出现；

——定期进行心理健康的评估和检查，可以将心理健康测查纳入常规体检中，也提倡教师利用有效可靠的心理健康测评工具进行自测；

——减少和回避与精神障碍发生有关的各种应激因素；

——对身边表现出某些精神异常症状的人，采取特殊的心理干预措施；

——在教师人群中定期进行精神障碍的流行病学调查，研究精神障碍在教师人群的发生率、发病规律、影响因素和分布情况，为在宏观上预防精神障碍的发生提供依据。

二级预防

精神障碍的二级预防是早期发现、早期诊断、早期治疗。许多精神障碍的症状较为隐匿，加上心理健康常识尚未普及，人们对自身存在的心理不适往往不能正确识别和判断，以致长期带病工作和生活，失去及时干预的机会。

因此，二级预防是精神障碍防治的重要环节。教师和学校能做的工作包括：

——宣传精神障碍的有关知识，提高早期识别精神障碍的能力，尽早发现精神异常症状；

——消除对精神障碍以及精神疾病患者的偏见，主动寻求心理干预，及时就诊就医；

——帮助和指导疑似精神障碍者及时就诊就医，尽早明确诊断并实施有效治疗；

——心理辅导教师也应负责做好就医的联络和咨询工作，帮助专业医疗机构早期发现、早期诊断和早期治疗精神障碍患者。

三级预防

三级预防的重点是精神障碍康复训练。因为很多精神障碍都属于慢性疾病，初次治愈后遇到特定的心理应激事件，复发的可能性很大。比如抑郁症就有很高的复发率。因此作好精神障碍的康复工作，可以最大限度地促进患者社会功能的恢复，提高生活质量，使其尽早地恢复正常的工作和生活状态。在学校和家庭中，我们可以做到的三级预防措施包括：

——为提高精神障碍患者的生活质量和生活保障提供帮助；

——对经过治疗病情趋于稳定的患者，劝导其坚持进行心理治疗和康复训练；

——帮助患者正确认识自身心理和个性特点的某些弱点，积极看待和应对相关的应激事件；

——关心和解决精神障碍康复期患者的工作和生活困难，尽可能帮助其恢复工作，但可适当调整工作岗位。

抑郁症的识别与防治

——抑郁症的主要特征

当自己在一段时间内持续情绪低落，自我感觉不佳并伴有失眠、消瘦等身体症状时，可以将自己平常的生活状态与抑郁发作时的典型特征相对照，来判断和预知自己是否患有抑郁症状。这些特征包括：

- 在没有发生严重的创伤事件（如亲人亡故）的情况下，一天中绝大部分时间内情绪低落；
- 对日常活动失去兴趣或兴趣明显减少，不想与外界有任何联系，不愿出门会友；
- 感觉全身疲乏无力，精力不足；
- 食欲明显减弱，体重也明显地减轻；
- 嗜睡或失眠，尤其是早醒，醒后再难入睡；
- 思维和注意力也有所下降，做某件事情集中注意力很难；
- 感到自己没有价值，过分地自责或有内疚感；
- 有时会反复想到死，有自杀的想法，有时也会想付诸行动；
- 性欲减退。

如果符合上述大部分特征，并且大部分特征都持续达 2 周以上，就要警惕自己是否存在抑郁障碍，需要及时寻求治疗。

——抑郁状态的评定

我们可以采用自评抑郁量表（SDS）对自身存在的抑郁体验进行量化的评定，也可采用贝克抑郁问卷（Berk Depression Inventory，简称 BDI）或其他抑郁症状评定工具予以复评，看看两次评定的结果是否一致。其他常见的抑郁评定量表还包括汉密尔顿抑郁量表（HRSD），卡罗尔抑郁量表（CRS）、抑郁体验文件（DEQ）、抑郁形容词检查表（DACL）和认知偏差问卷（CBQ）等。

贝克抑郁问卷（BDI）①

指导语：这个问卷由许多组题目组成，请仔细阅读每一组的题目，然后在每组内选择最适合你现在（最近一周，包括今天）情况的一项描述，并将那项描述前面的数字圈出。请先读完一组内的所有描述，然后再选择。注意

① 汪向东，王希林，马鸿．心理卫生评定量表手册［M］．北京：中国心理卫生杂志社，1999：193-194.

每项里只能圈出1个数字。

1. 0 我不感到忧愁
   1 我感到忧愁
   2 我整天都感到忧愁，而且不能改变这种情绪
   3 我感到非常忧伤或不愉快，以致我不能忍受

2. 0 对于将来我不感到悲观
   1 我对将来感到悲观
   2 我感到没有什么可指望的
   3 我感到将来无望，事事都不可能变好

3. 0 我不像一个失败者
   1 我觉得我比一般人失败的次数多些
   2 当我回首过去时我看到的是许多失败
   3 我是一个彻底失败了的人

4. 0 我对事物像往常一样满意
   1 我对事物不像往常一样满意
   2 我不再对任何事物感到真正的满意
   3 我对每件事都不满意或讨厌

5. 0 我没有特别感到内疚
   1 在相当一部分时间内我感到内疚
   2 在大部分时间里我感到内疚
   3 我时常感到内疚

6. 0 我没有感到正在受惩罚
   1 我感到我可能受惩罚
   2 我预感会受到惩罚
   3 我感到我正在受惩罚

7. 0 我感到我并不使人失望
   1 我对自己失望
   2 我讨厌自己
   3 我恨自己

8. 0　我感觉我并不比别人差

1　我常自我反省自己的缺点和错误

2　我经常责备自己的过失

3　每次发生糟糕的事我都责备自己

9. 0　我没有任何自杀的想法

1　我有自杀的念头但不会真去自杀

2　我想自杀

3　如果我有机会我就会自杀

10. 0　我并不比以往爱哭

1　我现在比以前爱哭

2　现在我经常哭

3　我以往能哭，但现在即使我想哭也哭不出来

11. 0　我并不比以往容易生气

1　我比以前容易激惹或生气

2　我现在经常容易发火

3　以往能激惹我的那些事情现在完全不能激惹我了

12. 0　我对他人的兴趣没有减少

1　我对他人的兴趣比以往减少了

2　我对他人丧失了大部分兴趣

3　我现在对他人毫无兴趣

13. 0　我与以往一样能作决定

1　我现在作决定没有以前果断

2　我现在作决定比以前困难得多

3　我现在完全不能作决定

14. 0　我觉得自己看上去和以前差不多

1　我担心我看上去比以前老了或没有以前好看了

2　我觉得我的外貌变得不好看了，而且永远不好看了

3　我认为我看上去很丑了

15. 0　我能像以往一样工作

1　我要经过一番特别努力才能开始做事

2　我做任何事都必须作很大的努力，强迫自己去做

3　我现在完全不能工作了

16. 0　我睡眠像以往一样好

1　我睡眠没有以往那样好

2　我比往常早醒 1-2 小时，再入睡有困难

3　我比往常早醒几个小时，且不能再入睡

17. 0　我现在并不比以往感到容易疲劳

1　我现在比以往容易疲劳

2　我做任何事都容易疲劳

3　我太疲劳了，以致我不能做任何事情

18. 0　我的食欲与以前一样好

1　我现在食欲没有往常那样好

2　我的食欲现在差多了

3　我完全没有食欲了

19. 0　我最近没有明显的体重减轻

1　我体重下降超过 5 斤

2　我体重下降超过 10 斤

3　我体重下降超过 15 斤，我在控制饮食来减轻体重

20. 0　我的性欲最近没有什么变化

1　我的性欲比以往差些

2　现在我的性欲比以往减退了许多

3　我现在完全没有性欲

21. 0　与以往比，我并不过分担心身体健康

1　我担心我身体的毛病如疼痛、反胃及便秘

2　我很担心身体的毛病，以至于妨碍我思考其他问题

3　我非常担心身体疾病，以致不能思考任何其他事情

所有题目得分相加得到总分（　　）

将以上 21 个问题中选出的数字相加，得到总得分。总分越高，抑郁程度

就越严重。相反，得分越低，感觉就越好。由于每道题的最高得分是 3 分，所以理论上最高可以得 63 分。一般认为，总分在 4 分以下，被认为是情绪正常，无抑郁；5-13 分为轻度抑郁，14-20 分为中度抑郁，有人将 17 分确定为临床临界标；21 分以上就是较严重的抑郁了，可能需要专业治疗。当然，自评的结果只能做参考用，即使得分比较高，也不要盲目给自己贴上抑郁症的标签，因为还要借助其他方法进行综合临床诊断之后才能确诊是否真的患有抑郁症。不过，自评问卷可以提示自己及时就诊和应对，因此还是很有意义的。

——抑郁症的自我应对

尽管抑郁障碍会给患者的社会功能造成一定的损害，并且有比较高的复发率，但是也应该乐观地看到，大部分抑郁症状是可以控制的，愈后社会功能的恢复也较理想，很多人可以恢复到原有的工作和生活状态，关键是要及早确诊并得到有效治疗。如果经初步判断觉得自己患上抑郁障碍的可能性很大，应注意采取以下应对措施：

应对措施之一：及时就医用药

一旦发觉自己或身边的人出现了明显抑郁症状，首先应该想到是寻求专业人员或精神科医师的帮助。在抑郁症的治疗中，药物治疗占据重要地位，尤其是在抑郁发作期间。不应以心理咨询或治疗来代替必要的药物治疗，要坚持药物治疗和心理治疗相结合。药物治疗时间短，见效快，可以尽快缓解抑郁病症，心理治疗需要的时间相对较长，可以比较好地控制复发。

应对措施之二：贝克日记法

在药物和心理治疗的同时，患者自己本人的努力对于改善病情、缓解症状具有积极作用。美国心理学家贝克博士发明的日记方法就是比较有效的自救措施之一。通过每天坚持写日记，把日常活动记录下来，可以帮助抵消抑郁带来的懒散和放任，恢复生活必需的思维和注意力。

贝克日记第一步：记录活动。通过日记了解你是怎样消磨时间的。将日记按小时分成若干时段（只计醒来后的活动时间），将你所做的每件事都按时记录下来。只记录你心情抑郁时的活动。

贝克日记第二步：活动评价。回顾全天的活动，首先将感到特别困难的事情挑出来，按照克服困难的程度对活动进行评分。克服很大困难完成的活动可以给 8-10 分，克服一般困难完成的活动可给 4-7 分，克服很小困难完成的活动可给 1-3 分。然后再将那些你比较喜欢或感到愉快的事情挑出来，按愉快程度给予评分，给你带来很大快乐的活动可以给 8-10 分，一般性快乐的活动 4-7 分，较少快乐的活动 1-3 分。最后可以计算每天的平均克服难度等级和快乐等级。

贝克日记第三步：增加行动。想办法克服困难，力争完成难度较高的活动，同时寻找并参加能给你带来愉快体验的活动，提高自己获得成功和快乐的评价等级，逐渐减少挫败感，增强自信心。

贝克日记第四步：制订计划。在活动日记的基础上做出今后的活动或工作计划。日记表明你可以做很多有难度、很快乐的事情，你和其他人一样有能力、有价值，抑郁心境中产生的自我否定感完全站不住脚，你应该开始新的生活。

应对措施之三：寻求支持

尽管抑郁症患者一般不愿意与外界接触，但是许多人并没有完全放弃对获得社会支持的渴望。即使与他人接触的愿望难以唤起，也要强迫自己保留一条通往外界的通道，找一个以前谈得来的同事、朋友或家人，让他或她了解你的心情和感受。这对于防止抑郁发作具有非常重要的作用。患者的同事、朋友或家人，也要与当事人保持经常性接触，有效的做法是倾听、理解、解释和鼓励。倾听，就是不要武断地将自己或旁人的想法强加给患者，这是理解的基础；理解，就是要站在患者的立场和角度上认同其当前的情绪反应，对他的感受和情绪表示理解，但不是接纳或认可患者的消极思维；解释，就是提供合理的证据，反驳患者的消极观念，使其产生积极的态度；鼓励，就是劝导对方采取小步走的积极行动，为他安排一些能够使其感到愉快和自信的活动，比如外出散步、购物、饲养宠物、当志愿者帮助更危重的病人等。总之，要让当事人认识并承认自身的价值。

焦虑症的识别与防治

——焦虑症的主要表现

在精神障碍与疾病中，神经症（其中包括焦虑症、强迫症、恐怖症等）的严重程度属于相对比较轻的，有时与心理亚健康状况中出现的某些情绪和行为问题较为相似。比如焦虑情绪是许多神经症的主要病症之一，但同时在心理亚健康中也很常见。如何区分和鉴别是患上了焦虑症，还是心理亚健康状态下的一般性焦虑呢？关键要看症状表现是否符合特定精神障碍的诊断标准。当心理健康异常符合神经症或其他精神疾病的诊断标准时，心理亚健康就发展成为了精神障碍。

焦虑症是一种最为常见的神经症，其中以慢性焦虑发作最为常见。慢性焦虑发作又称为广泛性焦虑障碍。如果在相当长的一段时间内出现大部分下列行为，就有可能患上焦虑症，应当及时去医院或专门机构就诊：

- 经常无明确对象地感到紧张和担忧；
- 这种担忧是过度的、无法控制的；
- 总感到精神紧张，心里忐忑不安；
- 无法使自己放松下来，坐立不安；
- 出汗，心悸，头晕，口干，气促，尿频等躯体症状；
- 注意困难，无法集中精力做事情；
- 容易疲倦，乏力感；
- 入眠困难，辗转反侧；
- 以上症状至少在6个月时间内的大多数日子里出现。

——焦虑状态的评定

除了对照焦虑症的现行特征之外，也可以采用焦虑评定量表进行自评。常见的焦虑症状评定量表包括焦虑自评量表（SAS）、贝克焦虑量表（BAI）、汉密尔顿焦虑量表（HAMA）、状态-特质焦虑问卷（STAI）等。以下介绍了美国心理学家伯恩斯编制的一种焦虑自评量表。

伯恩斯焦虑量表①

指导语：请判断在最近一周时间内，以下每种情况的哪一种严重程度符合您的实际情况，请将那个数字填入每道题后面的括号内。

0 无此情况　1 程度很轻，无多大烦恼　2 感到不适但可以忍受　3 只能勉强忍受

1. 感到烦恼……（　）
2. 感到周围的事情很不真实……（　）
3. 感到身体的一部分或全部不属于自己……（　）
4. 突发的恐慌感……（　）
5. 恐惧或濒死感……（　）
6. 感到紧张、痛苦或者濒临崩溃……（　）
7. 难以集中注意力……（　）
8. 思维紊乱……（　）
9. 有令人恐惧的幻想或者想入非非……（　）
10. 失控感……（　）
11. 担心精神崩溃或发狂……（　）
12. 担心晕倒或失去知觉……（　）
13. 担心躯体患病、心脏病发作或死亡……（　）
14. 担心自己显得愚笨或能力下降……（　）
15. 害怕孤独，担心被孤立或被遗弃……（　）
16. 害怕批评或被拒绝……（　）
17. 担心会发生可怕的事情……（　）
18. 心跳过速或心律不齐……（　）
19. 胸痛、胸闷或压迫感……（　）
20. 手指或脚趾刺痛或麻木……（　）
21. 胃部不舒服……（　）
22. 便秘或腹泻……（　）
23. 坐立不安……（　）

① 大卫·伯恩斯. 伯恩斯新情绪疗法［M］. 哈尔滨：北方文艺出版社，2007，附录：4-6.

24. 肌肉紧张 …………………………………………………………………… (　　)

25. 出虚汗 …………………………………………………………………… (　　)

26. 咽喉梗阻感 ………………………………………………………………… (　　)

27. 手抖 ……………………………………………………………………… (　　)

28. 双腿僵硬或发软 ……………………………………………………………… (　　)

29. 感到眩晕、头昏或行走不稳 …………………………………………………… (　　)

30. 呼吸困难或窒息感 …………………………………………………………… (　　)

31. 头痛、颈或背痛 ……………………………………………………………… (　　)

32. 感到忽冷忽热 ……………………………………………………………… (　　)

33. 感到疲乏、虚弱或易疲劳 ……………………………………………………… (　　)

所有题目得分相加得到总分 (　　)

将以上 33 个问题中选出的数字相加，得到总得分。总分越高，表示焦虑程度越严重。相反，得分越低，焦虑程度就越低。10 分以下为正常；11—20 分为轻度焦虑，21—30 分为中度焦虑；31 分以上可能就属于较严重的焦虑了。焦虑症状的自评结果可以提示自己及时寻求专业帮助。

——焦虑症的自我应对

除了必要的药物和心理治疗之外，焦虑症患者或存在较严重焦虑状态的人也可以采取一些自我应对的手段，帮助缓解焦虑情绪。具中比较有效的方法是放松训练和时间管理。

应对措施一：放松训练

放松训练主要用于应对躯体反应的发作，及时缓解和消除身体的紧张感。身体的放松也会有助于克服负面的情绪体验（紧张和恐惧）。同时，放松训练作为系统脱敏疗法的重要组成部分，可以为控制焦虑症状起到很好的强化作用。本书中介绍了一种规范、简单的放松训练指导语。你可以找一个安静、独处的场合，按照指导语的要求进行全身的放松训练（详见第八讲内容）。

训练结束后，为了确保周身上下的肌肉都得到了充分放松，你可以从上到下、从左到右寻找任何紧张的点。如果遇到尚存的紧张点，就将全部精力集中于此，重复紧张到放松的过程，直到完全实现全身放松为止。经过放松，你的心身都是平和宁静的。你可以维持既流畅又舒缓的呼吸，心里不再想别的事，整个身心处于一种安宁与静息状态。保持这一状态至少五分钟，不要为任何事情或外来刺激所干扰。当你决定从这种自觉睡眠中醒来的时候，也要相当缓慢地恢复觉醒。想象醒来后有种新的能量轻轻地注入你的身体，从头顶一直到脚底。然后慢慢地坐起，慢慢地站立。

应对措施二：时间管理

时间管理对抑制和缓解焦虑状态也十分有效。其道理在于，尽管导致慢性焦虑的原因和解释有很多（人格、认知等）。但是焦虑症的一个典型感觉是自我控制感（效能感）下降，这与广泛性焦虑症的无明确对象特点相一致，在应激和压力时间下对自己的行为目标失去控制。最好的应对方法就是让行为变得有序、可控。时间管理就是有效控制和调理个人行为的重要方法。

自我应对焦虑症状，较为有效的做法是时间管理法则中的计划性和条理化两条。在广泛性焦虑症发展进程中，如果自身工作或生活压力很大，应付状态又是处于杂乱无章的状态，广泛性焦虑也会进一步扩散或加重。因此，提高时间上的计划性，将大部头、时间长、规模大的工作任务划分为小规模、时间短的若干个子任务，就能够提高患者对工作压力的可控性和自信心。条理化是将工作任务结构化，比如将所学的知识内容按照篇、章、节、点画成一张树状结构图，这样就将看似庞杂烦乱的繁重任务浓缩成一张纸的内容，由此可提高对任务的掌控感。对事物的控制力得到了提高，焦虑的对象也就相应减少，焦虑情绪体验也就随之减轻了，由此形成的正向强化更增强了患者的心理，激励自己不断增强对自身工作和行为的有效管理，进而使自己的控制力进一步得到增强。一旦形成了良性循环，焦虑症状也会逐渐缓解乃至消失。如果此过程结合药物治疗同期进行，那么效果会更佳，疗程也会相应缩短。

社交恐惧症的识别与防治

——社交恐惧症的主要特征

恐惧症也是神经症的一种。和焦虑症一样，恐惧症也伴有明显的负性情绪体验和躯体性反应，但是针对特定对象的，有明确的目标。比如社交恐惧症，就是针对正常人际交往的一种异常恐惧。尽管广大教师都要站在讲台面对学生，但是也有一些人对课堂以外的人际活动感到紧张和不适应。许多人面对众人或陌生人时都会感到紧张不安，但是这种紧张感会随着时间的延长而逐渐消退，不会影响正常的工作和生活。但是如果这种紧张感不减反增，并且伴有强烈的躯体反应，如心悸、头晕、抖动，产生强烈的逃避意愿或躲避行为，得不到及时有效的治疗或纠正，就会逐渐发展成为对社会功能造成严重损害的慢性心理疾病。这就是社交恐惧症。社交恐惧症的主要特征包括：

• 由一个失败的社交经历引起；

• 在特定社交情境下（当众演讲、受到注视或与人目光接触）会感到异常的紧张、害怕；

• 特别担心别人的注视和评价；

• 伴有心悸、头晕、颤抖等躯体反应；

• 尽量回避这类特定的社交情境或行为；

• 知道这种过度担心不合理，因此更感到焦虑和自责。

——社交恐惧症的评定

对照社交恐惧症的主要特征，如果觉得自己或朋友的情况与上述大部分特征比较相符，就可以考虑接受相关的心理评定，对当事人的情况作出量化的诊断，以确定异常问题的性质和程度。当然，除了自评之外，更科学合理的办法还是接受专业的诊断和干预。

交往焦虑量表（IAS）①

认真阅读下面的每个题目，并决定其陈述对你自己的适用和符合程度。根据以下标准为每道题标出分数（1 到 5 分）：1＝本条与我一点也不相符；2＝本条与我有一点儿相符；3＝本条与我中等程度相符；4＝本条与我非常相符；5＝本条与我极其相符。

---

① 汪向东，王希林，马弘．心理卫生评定量表手册［M］．北京：中国心理卫生杂志社，1999：231-232.

1. 即使在非正式的聚会上，我也感到非常紧张。

2. 与一群不认识的人在一起时，我通常会感到不自在。

3. 在与一位异性交谈时我通常感到轻松（R）。

4. 在必须与同事或上级谈话时，我感到紧张。

5. 聚会通常会使我感到焦虑不安。

6. 与大多数人相比，我在社会交往中可能较少羞怯（R）。

7. 在与我不大熟悉的同性交谈时，我常常感到紧张。

8. 在求职面试时我会紧张的。

9. 我希望自己在社交场合中信心更足一些。

10. 在社交场合中我很少感到紧张（R）。

11. 一般而言，我是一个害羞的人。

12. 在与一位漂亮的异性交谈时我经常会觉得紧张。

13. 给不大熟悉的人打电话我通常感到紧张。

14. 我在与权威人士谈话时感到紧张。

15. 即使处于一群和我相当不同的人群当中，通常我仍会很放松（R）。

其中，注有（R）标记的题目为反向计分，即 5 为 1 分，1 为 5 分。计算全部题目的总分，总分在 15 分（社交焦虑程度最低）到 75 分（社交焦虑程度最高）之间。得分越高，在人际交往中越容易出现焦虑和缺乏自信。

——社交恐惧症的自我应对

恐惧症与抑郁症和慢性焦虑的一个显著不同之处在于，只是对特定的事物或对象产生焦虑情绪和躯体反应。因此当恐惧对象没有出现的时候，当事人还是能够正常地工作和生活。所以，患恐惧症的人很少接受专业治疗，主要以采取逃避或抵抗的方式来应对。但是面对社交恐惧症时，逃避毕竟不是解决问题的有效办法，因此采取一些有效的自我应对措施还是非常必要的。

一般认为，包含系统脱敏训练、暴露疗法在内的认知行为疗法能够比较好地缓解社交恐惧，但需要在专业人员指导下进行。但是我们也可以针对社交恐惧的病理特点，采取综合的应对举措。比如，许多社交恐惧症患者具有相应的个性基础，特别在意别人的议论和评价，甚至他人的瞬间注视或目光接触也会引起他（她）的惊恐。针对社交恐惧的这种人格基础，应该重点加强自信心训练。同时，针对特定的恐惧对象，可以采取自我系统脱敏的方法，逐步减轻和缓解对社交场合的恐惧和焦虑。还可以进行社交技能的专门训练，为自己创设一个有利于改变病症的外界环境，通过行为训练来提高人际交往的自信心和表现力。

应对措施一：自信心训练

镜子技巧是一种简单有效的自信心训练方法。找一个不被打扰的时间，独自站在能看到半身或全身的镜子前，身体站直，昂首挺胸，感到自己有一种力量，调整呼吸，像平时正常状态下那样均匀地呼吸。然后凝视自己的眼睛 3 分钟。中间如果坚持不住，就重新调整呼吸，鼓起勇气，再次尝试凝视自己的眼睛。每天坚持练习 3 次。一个月以后你会感觉到对目光接触的恐惧缓解很多，对自己的自信心也会有所增强。还可以将镜子中的自己想象成使你感到紧张的人，比如上级领导或异性同事。凝视他（或她）的眼睛，保持目光接触 3 分钟。这样反复练习之后，当再见到本人的时候，你的紧张感也会减轻很多。

镜子训练对于普通人的自信心训练也很适用。实际上，很多普通人也经常回避目光接触。我们在与朋友握手或与陌生人初次见面时，常常不去注视对方的眼睛。这里有一个行为习惯的问题，也有自信心缺失的问题，因为我们与自己的孩子和家人见面时就很少这样躲闪目光。其中的道理在于，人的自信心是通过这两扇心灵之窗体现出来的。习惯性的不自信必然以某些习惯性的行为、动作表现出来。如果这些外露的不自信行为能有所改变，自信行为反馈回来的积极信号必然会使自己的自信心得到积极的强化和增强。

应对措施二：系统脱敏训练

系统脱敏是利用条件反射原理，在放松训练的基础上，循序渐进地使当事人的恐惧或紧张反应逐渐减弱，直至最后基本消失，完全消除对恐惧对象的异常敏感性。采用系统脱敏法克服社交恐惧的关键步骤如下：

第一步，认清引起恐惧或紧张反应的具体刺激情境，是某种具体的场合还是某个特定的对象。

第二步，将各种以上情境按照程度轻重，由弱到强排出恐惧等级或紧张等级。

第三步，按照放松训练的方法，将身体主要部位进行放松。

第四步，按照恐惧等级或紧张等级，由弱到强地想象或具体呈现引起紧张反应的刺激情境。

第五步，在由弱到强的紧张反应出现时进行身体放松，以松弛对抗紧张，最终使松弛反应彻底抑制紧张反应，达到去敏感性的目的。

系统脱敏有几个重要的关键环节。一是每次脱敏的数量不宜过多。一般每天进行 1-2 次脱敏训练，每次所涉及的紧张等级控制在 3 个以内，这样才能达到循序渐进的目的。其次，要做到全身主要部位完全放松之后，再转入下一个紧张等级的刺激情境。其中需要占用一些时间进行身体放松，不要过于急切地跨越紧张等级。第三，刺激情境的紧张等级划分十分重要，既要分出等级，也不要划分得太细，使等级过多，自我训练时一般控制在 10 个等级以内为宜。比如对上台演讲的恐惧，可以从“听到自己要承担演讲任务”开始，一直到最后“站在讲台上演讲”，中间为由弱到强的不同情境。可以完全是想象的情境，也可以部分是实际呈现的情境。最后一点，在每次新的脱敏进行之前，一定要先做一遍放松训练。只有在全身都处于松弛的状态之下，才可进行脱敏过程，否则起不到脱敏作用。

应对措施三：社交技能训练

类似卡耐基培训的社交技能训练，属于一种集体暴露疗法。在众多同病相怜的人面前，个人的紧张焦虑会减轻很多。在大家的鼓励、情感的互动和系统的训练中，能够很快战胜恐惧，增强自信。这种训练尤其适合人际交往焦虑问题。在个人努力难见成效的时候，不妨尝试一下团体训练方式。

应激障碍的特征与应对

2008 年 5 月 12 日发生在我国四川省汶川的大地震给许多人带来了严重的心理伤害，出现了典型的创伤后应激反应，国内第一次出现大规模的应激障碍心理干预和援救活动。但是一些非专业工作者对应激障碍的性质和特点没有加以区分，在心理援助的初期盲目地使用了一些不恰当的心理干预技术，可能会对当事人造成二次伤害。前面提到过，创伤性的应激障碍分为急性应激障碍和创伤后应激障碍两种情况，这两种情况实际上是创伤性的应激障碍的不同发展阶段，在表现特征上也存在很大区别，心理应对的手段和方法也有所不同。

——急性应激障碍的特征与应对

急性应激障碍是突发性应激事件发生之后短期内出现的心理障碍，它具有以下典型特征：

- 由突发的、严重的创伤性应激事件所引起；
- 出现在事件发生之后的短时间内；
- 出汗、心悸、呼吸困难、颤抖等；
- 否认所发生的事件；
- 拒绝交谈和回忆应激事件；
- 呆滞、缄默不语；
- 行为冲动盲目，如大量饮酒、自伤、奔跑等。

处于这个阶段的当事人最需要有人陪伴和支持。尽管处于高度的惊恐、悲痛之中，还是要尽量与他人保持接触，不要回避外界（尤其是亲人朋友）的帮助，并及时疏导和宣泄悲伤情绪。对于提供心理援助的人来说，早期干预主要是提供社会和心理支持，如安排家属和同事陪伴，允许患者短时间独处，宣泄情绪，但陪伴的人要守候在周围。在提供心理支持时无需给予建议，只需认真倾听，对当事人的情感表示理解，肯定当事人的坚强和勇气。这时期需要的是包扎心理伤口，而不是揭开伤口让患者痛上加痛。

急性应激障碍病症存在的时间比较短，一般不超过 3 天或 1 周，如果以上症状表现持续时间超过 1 个月，就转入了创伤后应激障碍。

——创伤后应激障碍的特征与应对

创伤后应激障碍的病程较长，一般持续时间在 3 个月以上，少数人会持续若干年，内心的阴影总也挥之不去。其症状表现与前期的急性应激障碍有所不同：

• 由突发的、严重的创伤性应激事件所引起；
• 出现重复体验（闪回），在大脑中反复呈现创伤性事件；
• 伴有非常痛苦的情绪和生理反应，如恐惧、心悸、出汗、呼吸急促等；
• 易受惊吓，睡眠困难，过分担忧；
• 回避与创伤性体验相关的事或物；
• 拒绝与人交往，冷淡，丧失兴趣和信心。

这一阶段的患者需要接受专业的心理治疗。较为有效的方法包括认知行为疗法和眼动脱敏再加工治疗（EMDR）。认知行为疗法主要是帮助患者校正不合理认知观念和情绪反应。比如采用暴露疗法来面对令人恐惧、悲伤的情境，然后通过放松训练来逐渐适应这种情境。认知调整可以帮助他消除自己无法面对现实的不合理观念，使其重拾信心，鼓起勇气。EMDR是一种专门应对创伤后应激障碍的新技术。该方法是让患者想象一个创伤性记忆或相关的消极情绪，然后要求患者大声说出一个与该记忆相反的信念。在回忆那些难以用语言描述的事情的同时，眼睛跟随治疗师的手指快速移动，然后请患者说明当下脑中的影像及心身的感觉。通过反复重复同样的程序，直到痛苦的回忆和躯体反应被逐渐缓解为止。

本讲小结

常见精神障碍的康复主要依靠专业的临床治疗，但并不是与我们个人无关。个体的心理和精神状态在精神障碍的治疗中起着非常重要的中介或基础作用。实际上，现在许多生理疾病的治疗都与心理因素有关，心理疾病的治疗就更是如此。本讲介绍的一些辅助专业治疗的心理调适方法，可以帮助我们加速康复过程，巩固治疗效果。更为重要的是，我们每一个人都要应该充分重视精神障碍的一级预防和二级预防。通过对精神障碍症状的识别和判断，可以帮助我们早期发现、早期诊断、早期治疗，及时有效地应对焦虑症、抑郁症、人际交往障碍、应激障碍等常见的精神障碍。

第八讲　保持心理健康的策略之一：管理好自己的压力

压力就像一根小提琴弦。没有压力，就不会产生音乐。但是如果弦绷得太紧，就会断掉。你需要将压力控制在适当的水平——使压力的程度能够与你的生活相协调。①

——艾伦·埃尔金

教师面临很多压力，但是压力并不必然导致心理健康异常。在很多情况下，压力对于人类个体来说是必要的、有益的。正所谓“人无压力轻飘飘，井无压力不出油”。同样面对压力，有的人泰然自若，有的人越压越勇，有的人如临大敌。这其中的关键环节就在于不同的个体面对压力会产生不同的心理反应。如果反应是积极的、良性的，则会有利于克服压力，变压力为动力；如果反应是消极的、负面的，并且长期存在，则会导致心理亚健康甚至心理疾病。研究表明，大多数心理亚健康问题都与教师承受过度的工作和生活压力有关。对各种工作和生活压力进行有效的管理，是我们缓解和摆脱心理亚健康状态的主要应对手段。

① 科拉·丹尼尔．最后的禁忌［J］．财富，2003（1）：15．

教师的应激与压力

在一些研究文献中，常将压力和应激（stress）两个概念混为一谈。比如在介绍压力管理的方法时总是将情绪调节等缓解应激的方法包含其中。实际上，压力是应激的来源，因此也成为应激源（stressor）。应激是个体对外界刺激的反应，既包括心理反应，也包括生理反应。任何生物体，都会对外来刺激作出反应。刺激是否构成压力，是否使个体感受到压力，感受到什么样的压力，是良性的动力还是负性的压力，这与个体对外界刺激的认知、个体的人格特点、特定的生活和工作环境都有密切关联。然而，不管压力的作用和意义是正面的还是负面的，在面对压力的时候，由于个体主客观因素的不同，都要伴随不同的生理和心理反应。这些生理和心理反应往往更多是消极的，痛苦的，轻者紧张、焦虑、担心、头痛、胃痛、腹泻；重者沮丧、忧郁、绝望、失眠、溃疡、免疫力丧失。因此，压力对于人的生理、心理和社会生活都会造成严重的负面影响。

正确认识应激产生的机制和作用，有助于我们从源头上识别压力，进而有效地管理压力、缓解应激。请注意，在许多情况下，压力是无法消除的，但是可以有序地调整和管理压力，使其尽可能少的产生负面的应激反应。

——应激的发生机制

加拿大医学家和心理学家汉斯·塞利（Hans Selye）对人的应激状体进行了深入的研究。他认为人面对压力产生应激现象是个体对环境刺激的一种生物性的防御性反应。他提出了著名的“一般性适应综合症”（General Adaptation Syndrome，GAS）概念，简单而精辟地揭示了生物体面对外界压力的应激过程。这一过程包括警觉、抵抗和衰竭三个阶段（见图 8-1）。

警觉阶段：当人初步遇到压力源，身体会自行调动保护机制来应对压力，出现警觉性生理反应。此时会有大量激素进入血液，更多葡萄糖和氧气进入脑部、骨骼肌和心脏。个体出现血压升高、心跳加快、身体紧绷等状态，机体迅速调集能量和注意力来对抗压力。此时，压力应对曲线会逐渐升高，由原来的松弛状态上升为紧张状态，达到正常的压力应对水平。

抗拒阶段：如果压力持续存在，警觉性生理反应将消失，代之以各类腺体的分泌，个体以高于常规抗压水平的状态和能量来抗衡压力。如果压力长时间存在，机体的生理平衡将会被打破，造成体内资源过度消耗，亚健康状态出现，伴随各种心理问题。如果压力消失了，机体会恢复到警觉前期。如果压力持续存在或强度加大，则转入耗竭阶段。

耗竭阶段：此时个体无法再利用各种激素和能量，资源和能力消耗殆尽，有可能出现身心倦怠和崩溃，导致不同程度的心理和生理疾病，甚至失去生命。

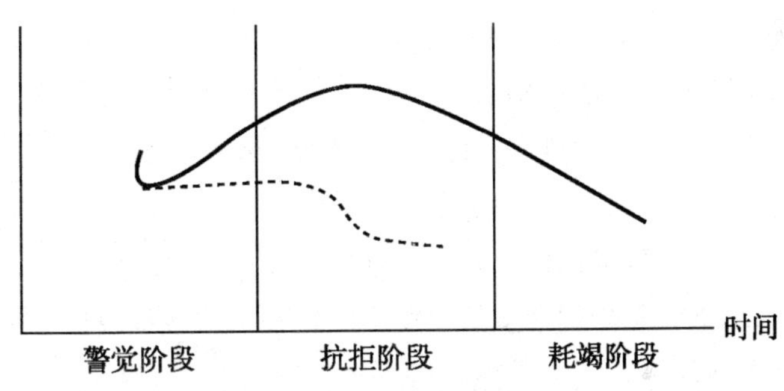

图 8-1　机体的应激反应过程

压力反应理论提示我们，个体的心理亚健康状态多出现在压力的抗拒阶段。为了避免发展到耗竭阶段，应尽可能在抗拒阶段将压力缓解或消除，使应激反应回复到正常状态（就像图 8.1 那条下面的曲线）。

——应激的各种来源：我们面对哪些压力？

应激的来源是各种生活和工作压力。我们一般能够意识到工作上的压力，很少将生活中发生的细微变化当成压力。但实际上，压力的分布是非常广泛的。各种生活事件是否对个体构成压力，关键要看这些事件能否使个体产生相应的应激反应。对于教师而言，长时期较为繁重的工作负荷是工作压力的主要来源。除了工作压力之外，以下几个方面的事件都有可能形成真正的压力。

1. 环境改变。人们生活状态的改变会使许多人产生不适应，比如居住环境、自然气候、社会环境、管理制度、文化习俗、公共安全以及社会保障与支持系统等方面的变化。这些变化带来的生活压力往往是人类个体无法控制和选择的，只能承受和应对。对于有些人来说，环境变化是一种刺激和挑战，但对于大多数人来说，生活状态的改变会导致一定的应激反应，对个体的心理和生理健康并不是有利的。虽然教师的职业环境比较稳定，但是工作软环境的改变却是时常发生的，比如校长换了，校舍变了，考核指标调整了，等等。

2. 生活事件。是指日常生活中发生的不可避免的各种重大事件，如升学、结婚、生育、晋职、疾病、退休等，也就是生老病死的各种事。相关研究表明，无论是积极的生活事件，还是消极的各种事件，都会影响或破坏个体的心理和机体平衡，成为引发应激反应的重要因素。有专家专门研究编制了给个体造成压力的生活事件排行榜（SRRS，也称为社会再适应评定量表），其中不同的生活事件具有不同的压力冲击指数（LUC，也称生活变化单位）。教师可以通过生活事件量表（LES）的测评，发现自己的压力承受状况。

3. 日常琐事。是指日常生活中发生的各种例行或偶发的小型事件，如日常家务，与人（家人、同事、路人等）的冲突和争吵，接人待物等事务性工作，交通阻塞，遗失物品等。这些事件是容易被人忽视的压力来源，其压力程度不逊色于重大的生活事件。虽然日常琐事造成的压力强度比不上重大生活事件，但它可以长时间、一点点地侵蚀人的身心健康。一些易感人群更是深受其害。在承受巨大工作压力的同时，教师的日常琐事如果处理不好，也会放大和演变成严重的压力事件，成为影响心理健康的重要因素。

社会再适应评定量表

生活事件	压力冲击指数	生活事件	压力冲击指数
配偶去世	100	子女离家	29
离婚	73	亲戚矛盾	29
夫妻分居	65	个人取得突出成就	28
被监禁	63	配偶开始或停止工作	26
近亲死亡	63	开始或停止上学	26

本人受伤或生病	53	生活状况改变	25
结婚	50	个人习惯改变	24
离职失业	47	与上级不和	23
夫妻冲突	45	工作时间与环境变化	20
退休	45	住所变化	20
家庭成员健康问题	44	学校变化	20
怀孕	40	娱乐方式改变	19
性困扰	39	宗教活动变化	19
增加新的家庭成员	39	社交活动变化	18
工作调整	39	小额贷款	17
经济状况变动	38	睡眠习惯改变	16
好友离世	37	家庭人数改变	15
转变行业	36	饮食习惯改变	15
与配偶争吵增多	35	放假	13
大笔抵押贷款	31	过节	12
工作责任改变	29	轻微违法	11

资料来源：T. H. Holmes，R. H. Rahe. The social readjustment rating scale. *Journal of Psychosomatic Research*，1967，11：213-218.

此量表是基于美国的社会经济文化背景编制的。计分方法简单易行。将自己近一年来遇到的生活事件选出来，将各自的压力冲击指数加在一起。总分超过 300 分，为重度压力状态，今后出现生理疾病和心理健康问题的可能性较高；总分在 200-299 之间，为中度压力状态，出现生理疾病和心理健康问题的可能性为中等；总分在 150-199 之间，为轻度压力状态，出现生理疾病和心理健康问题的可能性轻微；总分在 149 以下，未感到生活事件造成的压力，出现生理疾病和心理健康问题的可能性较低。

压力的形成机制

《科学美国人》杂志上曾发表过这样一个实验研究，名为“猴子经理的溃疡”。实验者将两只身体条件相同的猴子关在两个相邻的笼子里。一只是实验猴，一只是对照猴。外界可以通过装在笼子里的传感器对两只猴子随机实施电刺激。实验猴的笼子里面有一个特殊的装置，在电刺激来临之前会亮一盏红灯。实验猴很快在红灯和电刺激之间建立起条件反射，只要红灯亮起，很快就要挨电了，必须关掉了红灯开关才能躲避电击。而对照猴没有此项特殊装置，只是偶尔会遭到电击，自己对此也无能为力。正式实验进行了 20 天，实验猴就因为严重的消化道溃疡死掉了。心理学家分析道，“猴子经理”为了免遭电击，整天高度紧张，神情紧绷，背负了沉重的精神压力，对其身心造成了很大损害。

由此可见，在很多情况下压力本身并不可怕，对压力的过度感知和应激反应才是造成心理健康异常的主要问题。也就是说，压力一旦成为心病，成为了精神负担，成为了心理压力，其负面作用就开始显现了。那么，面对同样的压力源（工作任务，环境变迁，生活事件，日常琐事等），为什么有的人没有心理压力，有的人感受到很小压力，有的人却感到压力难以承受？心理学上对此有不同的研究，一般认为压力的感知和形成可能与多方面原因有关。

一种理论认为压力是个体与环境不匹配的结果。也就是说，压力是个体因素和环境因素相互联系和作用的结果。在许多情况下，压力的产生是个体的知识、能力、个性及行为方式与组织的工作要求、组织文化的不匹配、不适应造成的。当这种不匹配发生时，个体的效能感有可能降低或减弱，压力也会随之产生。并不是所有教师都适合这一职业，教师的心理因素与学校环境不匹配时，压力感就会被放大。

另一种理论认为压力是缺乏自我控制和社会支持的结果。有科学家对工作要求（任务负荷及难度）、控制（专业能力与决策权力）和支持（来自组织的支持）之间关系进行实验研究，发现高要求、低控制、低支持，会降低个体的工作激情和动机，使个体感受到更高的压力；同样是在高要求条件下，提高控制和支持水平，可以增强个体的学习和发展的动机，降低他对压力的感知程度。也就是说，高控制和高支持可以抵消高要求对身心健康的消极影响。当前我们很多中小学教师都处于一种高压力、低支持、低控制的工作状态中。

还有一种理论认为，压力是个体认知评价的结果。在许多情况下，我们对所处环境或所承担任务有可能产生的威胁作出评价。首先对情境事件的重要或威胁程度作出评价，然后对可利用资源（自身能力和外界支持）的应对程度作出评价。经过两次评价之后，如果觉得自身难以应对这些外在威胁，就会产生对压力的感受。

压力管理的策略

压力导致应激，常产生一些负面的情绪，如焦虑、烦躁、兴奋、压抑、紧张等。各种心理和情绪调节的技术与方法可以帮助我们应对应激产生的心理和情绪问题。但这不属于压力管理的范畴。所谓压力管理，主要是针对导致应激的源头，通过正确合理地认识、分配、调整和消除压力，来阻止应激反应的出现。可以说压力管理是一种先验干预，而应激调节属于一种后验干预，两者缺一不可。有关心理调节的方法请参见下一讲的内容。

——正确识别压力

1. 近观压力——风滚草效应

前面提到过，压力之所以导致应激，在很大程度上与个体的认知有关。也就是说，压力转换为应激是认知评价的结果。如果能够合理、正确地认识压力，相应的应激反应就不会过于强烈，心理健康的平衡状况就会得以保持和维系。我将这种现象称为压力管理的“风滚草效应”。

在美国西部的高速公路上，偶尔会见到一团一团的风滚草。在秋风的吹拂下，风滚草像滚雪球一样，越滚越大。远方来的司机远远看到高速公路上的风滚草，以为是大大小小的石头，不得不减速慢行，停车观察。走近一看，却发现只是一团团的风滚草，于是猛地加油从风滚草上越过去。这个故事给我们一个启示，压力就像一团团的风滚草，远观则重，近观则轻。压力的管理，首先需要我们走上前去，近观并认清压力。

图 8-2 压力管理的风滚草效应

资料来源：http://images. nciku. com/sourcing _ images/18/18756 _ getty _ 20080128162531.jpg

近观压力的关键在于我们不要人为地放大和曲解压力。在压力模糊一团的时候，人们往往会感到承受了巨大压力。尽管压力的确是客观存在的，但在许多情境中压力并不像我们想象的那样庞大和繁重。将压力的真实状况识别清楚，“不必要”的压力就消失了，剩下的就是真正需要应对的真实压力。

2. 评估压力状态

压力是一团草，还是一块石，或是一堆土，这需要我们作出恰当的判断或评估。这里我们推荐三种压力评估的方法。

压力感受的评估。可以根据自身的压力感受，在以下的 9 分量表上，对所体会到的压力状况作出一个总体评估。0 代表没有任何压力，9 代表难以承受的压力。在 0 到 9 之间选择一个具体的分数。

没有任何压力 0　1　2　3　4　5　6　7　8　9　难以承受的压力

作出总体感受评估之后，再列出具体的 3 个压力事件，就是最近一段时间最让你感到困扰和纠结的前 3 件事，无论是工作中的任务，还是生活中的事件，一定要是非常具体的事件，比如“为职称晋升撰写的那篇论文总在拖延”，或者“孩子最近生病了”。然后为每个压力事件作出压力感受的评估。

压力事件 1：没有任何压力 0　1　2　3　4　5　6　7　8　9　难以承受的压力

压力事件2：没有任何压力0　1　2　3　4　5　6　7　8　9　难以承受的压力

压力事件3：没有任何压力0　1　2　3　4　5　6　7　8　9　难以承受的压力

实际上，压力感受的评估可以帮助你更清晰和客观地认识压力。很多情况下你会发现，经过认真思考作出的压力感受评估结果，并不像自己想象的那样严重。压力感受评估还能帮助你集中精力处理最需要应对的压力事件，提高压力管理的效率。

压力来源的评估。这方面可以利用的主要是国外的压力测量工具，如著名的《职业压力指标量表》（OSI和OSI-R）、《工作压力量表》（JSS）和《工作内容问卷》（JCQ）等。目前国内还没有专门针对教师开发的压力测量工具。也可以通过谈话和咨询的方式，由他人帮助分析面临的压力状况。通常应该从以下几个方面来评估自己的压力状况：

- 工作目标是否明确（工作目标模糊容易放大压力），列出具体的工作目标；
- 工作负荷（工作量）情况，每周的课时量、加班时数、会议及处理文档的时间等；
- 社会支持和人际关系评价，亲近的同事和朋友数量，与他人争执的次数等；
- 家庭婚姻状况，包括子女学业情况，夫妻性生活状况，家庭负担状况等；
- 其他可能使你感到有压力的事件，包括发生和持续时间、严重程度等。

以上各种情况较往年的变化情况，哪些方面缓解了，哪些方面恶化了，变化的程度如何，都可以通过量化和纸笔的方式记录下来。

压力反应的评估。即身体和心理状态的评估，通过应激反应来识别压力的存在。可以进行心理健康状态的自我测评（参见附录2）。也可以简单检查是否存在以下不良感受，持续的时间有多长：

- 精神感受：浑身无力，容易疲倦，思想涣散，坐立不安，心烦意乱，头脑不清爽等；

• 头部与五官感受：头痛，耳鸣，面部疼痛，眼睛疲劳，视力下降，鼻塞，眩晕，咽喉异物感等；

• 肢体感受：手足发凉，手掌发粘，手足麻木感，颈肩僵硬等；

• 其他问题：肠胃不适，睡眠不良，心悸气短，容易晕车，起立时眼前发黑，早晨起床有不快感等。

——改变压力性格

压力是认知的结果，也是特定行为方式的结果。A 型性格属于典型的压力性格，是一种易感压力的不健康的行为方式。教师人群中很多人具有这种人格特点。具有 A 型性格的人有着很强的竞争性、进取心和时间紧迫感，喜欢多头出击，同时干几件事情，承受了太多的、不必要的工作和生活压力，长此以往对心理和生理机能会造成严重损害。因此 A 型性格的人是心血管疾病的高危人群，需要对自己的行为方式作出必要的调整。

我们可以通过以下特征来判断自己是否具有 A 型性格：

• 很强的时间紧迫感，厌恶别人迟到；

• 运动、走路和吃饭的节奏很快；

• 总是试图同时做两件以上的事情；

• 休息和闲暇的时候有不踏实的感觉；

• 情绪易紧张、激动；

• 经常想到有许多事情要做；

• 计划性强。

既然成为一种长期的行为方式，要想在短时间内改变是不容易做到的，何况 A 型性格的人也可能存在一定的生物学基础。因此我们不可能指望将 A 型性格的人完全改变成为 B 型性格（沉稳缓慢的性格）的人。应该说，A 型性格也是一种事业性格，对于个人和组织工作目标的实现是有利的，关键是其中的压力感受和情绪反应，对教师自身的身心健康非常不利。调整和改变压力性格，需要从易感压力特征入手，尽量减少对压力的感受和体验，在不改变成就动机的前提下，增强 A 型性格的人的心理健康水平，这就是所谓“性格的优化”。

从压力管理的角度来看，调整和改变压力性格的一个主要途径是责任分散，就是将那些不属于自己职责范畴的，或者虽然是自己分内工作但是交由别人去完成会取得更好效果的事情，转交适合的人去做，这在人力资源管理中叫作“授权”。普通教师并无“权”可“授”，但是也没必要将各种事情都揽在自己身上。压力性格的人一般对其他人的能力抱有一种不信任感，或者对于自己的能力过于自信，或者对工作的结果期待过高，希望把事情做得尽善尽美，所以遇到任何事情总是亲力亲为。因此我们就会发现，在一个特别能干的人周围，总有些人无所事事，袖手旁观。为此，压力性格的人可以通过对任务的评估和分配，将一部分工作交给其他人去完成。这样做不但分担和减少了自己的工作压力，也缓和了自己和周围同事因工作量差异产生的疏离感。在家庭或其他情境中也是一样，易感压力的人也要将生活事务尽量分配给其他人去承担，应放手让其他家庭成员做他们自己该做的事情。请记住并提醒自己：别人一样会作得很好。没有你，天塌不下来。

调整和改变压力性格的另一个有效方式就是时间管理。

——实施时间管理

时间是有限的，稍纵即逝，因此也是难以控制的。或许你总觉得眼下的时间太少，以后会有大把的时间，可是当明天来临的时候依然是异常忙碌。时间管理需要系统地、整体地安排自己的工作和活动，而不是将一些零碎的想法、战术和小技巧简单堆积在一起。时间管理应该贯穿在自己的全部工作和生活中，并根据工作情境的发展变化做出相应的修订和调整。可以利用的时间管理策略包括：

1. 明确工作目标和任务。这是使压力变得清晰、可控的重要环节。压在心中的可能是块大石头，也可能是很多小石头。大石头固然很沉重，压在心头总不好受。尽管石头很小，都是碎块，但积少成多后也异常沉重！实施有效的时间管理就是要把这些需要搬走的石头分分清楚，这样可以有效地缓解对压力的恐惧感。最好将最近一段时间的工作目标和任务明确地记录在纸上，列出自己的工作任务清单。

作为一名教师，你需要准确地了解这段时间内你到底该做什么事情，努力的方向是什么；什么是教研室的工作目标，什么是你所在学校的工作目标；你在其中承担的角色到底是什么，你的任务和职责又是什么；更进一步的话，你还应该了解如何完成这些工作，为什么要完成这些工作。你的理解程度越深，越容易做出正确的时间管理。

2. 确定优先任务。全面、认真地分析完你的工作目标之后，接下来你可以把自己的工作任务理清楚，看看到底孰轻孰重。为做好此项工作，你需要从以下几个维度来评估任务的优先顺序：一是任务的紧迫性程度，二是任务的重要性程度。将你列出的所有活动放置在于紧急性程度为纵坐标，以重要性程度为横坐标的坐标图中（如图 8-3）。那些在右上象限的活动既紧急又重要，应该首先安排去完成。那些在右下象限的活动，很重要但是并不急于马上去做，可以排在第二位来完成。那些在左上象限的活动，不重要但却很紧急，你可以将其放在第三位。最后，左下象限中的活动既不重要也不急迫，放到最后去做。

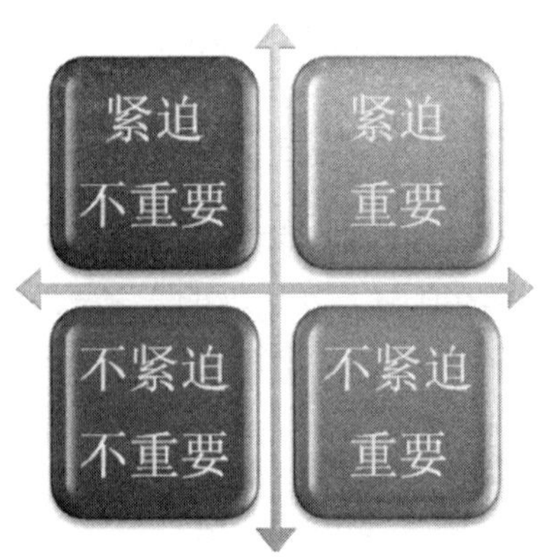

图 8-3　确定优先的工作任务

也可以做进一步细分，将每项任务标划为 1 到 5 的不同等级，5 代表最为紧急或重要，1 代表最不紧急或最不重要。紧迫性和重要性都在 4-5 分的任务应该优先得到处理。一般来说，优先处理的任务比例应在 20%左右。

一位时间管理专家为学生们做过一个实验，先将一些大块石头装进广口瓶，然后在大石块的缝隙中填入一些碎石子，接着用细沙子将余下的间隙填满，最后灌入水。这个实验告诉我们，如果先装碎石子或细沙子，那就很难把大石块放进瓶子里。在我们有限的精力和生命中，要优先处理生命中重要的“大石块”。如果我们的时间都是被那些琐碎的小事情所占满，那么我们就不能成就大事。因此我们平时可尝试着问问自己，我生命的“大石块”是什么？然后，尽快把这些“大石块”先放进你的瓶子里。

3. 分散处理艰巨任务。许多人习惯靠突击来完成大部头、费时间的艰巨任务，如撰写论文、专著或教案等。由于工作量相对较大，压力感会骤然而生。最好的办法是制定一个工作时间表，将整个任务进行结构化的处理，分成若干个小的模块或组成部分，每一段时间完成一个小的模块。经过这种化整为零的处理之后，就不会感到任务的艰巨和庞大了，大压力转化成了小压力。因此，艰巨任务的前期规划十分重要，千万不要反复拖延到最后才集中时间来完成大部头任务。

4. 集中时间处理琐事。将一些干扰你正常工作的小事情集中在同一时间内快速处理完成。比如整理票据、收拾办公桌、回电话、回短信、收发电子邮件、上网浏览等活动，都不是必须占用主要工作时间完成的任务。如果经常停下手头工作处理这些不紧急的小事情，会使你白天的时间变得支离破碎，打乱正常进行的工作节奏，干扰你的注意力。因此，有效的做法是每天利用下班前的半个小时集中打理这些琐事。

5. 控制浪费时间的活动。可以认真观察一下哪些活动对你来说是浪费时间的，比如漫无边际的闲聊，长时间接打电话，非正式的谈话，长时间的等待等。根据自己的实际情况，分清哪些是确实需要占用时间的活动，哪些是浪费时间的活动。如果处理不当，后者会大量挤占前者的时间，使你平添了许多不必要的压力。应该努力将这些活动耗费的时间减到最少，但是别指望完全排除这些活动。也就是说，在这些活动中需要提醒自己要有时间的紧迫感。

6. 学会拒绝。习惯积累压力的人，经常碍于情面不好意思拒绝别人的请求，于是承接了许多超出自己精力和时间范围的任务。当你正忙于紧急或重要工作的时候，要学会向别人的请求说“不”。当然要委婉地说“实在抱歉，等我有时间再帮你……”。如果有必要，可以在自己的办公桌或电脑上立一个“请勿打扰”的标志，提醒周围的人暂时谢绝干扰，将注意力集中在你正在做的工作，确保工作任务圆满、按时完成。

——增强自我效能感

效能感是我们对事物过程和结果的一种控制感觉。当我们觉得局势在自己的掌控之下时，我们的心理压力就会大大缓解。反之，会使你感到压力倍增。人的自信心就是以效能感为基础的。自我效能来源于个体成长的经历，体味成功或积极事件比较多的人，效能感相对会比较强。增强自我效能感的主要方法包括：将任务条理化、结构化，将压力化整为零、化大为小，会提高你对工作任务的控制感；反复练习与反思，熟能生巧，加上不断总结经验和教训，也会提升你的自我效能；积极强化，经常自我肯定与激励，能够帮助你树立信心，增强直面压力的勇气，以积极乐观的心态面对压力。最后，可以通过替代学习，即学习和体验别人的成功，想象自己也能成功，从而增强自我效能感。

——解决实际问题

情绪和心理的调节只能缓解负面情绪，不能最终缓解和消除压力。时间管理也只是帮助你将繁多的工作生活压力梳理清楚，排出先后顺序，减轻你对压力的模糊感受，让你能够更加从容、有效地应对压力。最终还是要解决形成压力的实际问题，搬走或化解压在心中的“大石头”，才能真正消除压力。当然这只是暂时的，解决完这一压力后，还有别的压力等着你。但是无论如何，逐一地解决你面临的问题，才是压力管理的最终之道。

解决实际问题要靠自己的毅力和能力，在此基础上寻求一定的社会支持，除此之外没有其他的妙法和捷径。因此选择工作任务时，首先不能超出自身的能力限制，要做到量力而行。其次要采取具体的行动，不要长时间停留在构思和想象之中。解决问题最直接、最有效的做法就是去做、去行动、去实践。在行动中思考，一边思考一边行动。许多情况下，思来想去并不能解决实际问题，只要一动笔或一动手，思路就来了，问题就迎刃而解了。

本讲小结

许多人谈到压力，就好像是我们生活中的洪水猛兽，避之犹恐不及。实际上，在多数情况下压力是积极的、必要的。管理压力首先要正面地看待身边的压力，把它当作是我们成长和进步的良师益友。如果能够泰然甚至积极地面对压力，压力也就不是压力，反而成了动力。压力并不必然导致心理健康异常，对压力的精神负担和应激反应才是产生心理健康异常的原因。压力的管理主要是控制我们对压力的过度感知和过度反应。这需要我们走近压力，识别压力，改变压力性格，实施压力管理，增强自我效能，解决实际问题。

第九讲　保持心理健康策略之二：调节负面情绪

拥有良好的情绪，不仅可以使我们身心健康，还能使我们的事业成功。①

——郑日昌

心理学上有一个描述我们日常情绪状态的专业用词叫作“心境”。心境是一种持续的、微弱的、较广泛地影响人的心理和行为的情绪和情感状态，与我们日常生活中经常提到的所谓“心情”很接近。心境具有两个特点，一是具有随意性，二是具有弥散性。随意性是指人的心境有时很难受到意识的控制。弥散性是指心境会向四周蔓延，无论是积极心境还是消极心境，都会感染和渗透到你的情绪和心理状态中。心境受到干扰和破坏之后，人的情绪反应就会出现。如果平和的心境总是不能得以复原，个体长时期处于焦虑、烦躁、不安、紧张、压抑、消沉的心境中，就会给人的心理健康造成严重的损害。

及时有效地调节负面的情绪与应激反应，可以使我们保持良好、平稳的心境。这方面的方法有很多，情绪的管理、躯体的放松、音乐的调试都可以帮助我们有效地抚平内心的波澜，保持健康、平和的情绪和心态。

① 郑日昌. 情绪管理压力应对［M］. 北京：机械工业出版社，2008：30.

情绪的自我管理

负面情绪是心理健康问题的主要特征。无论是保持心理健康还是缓解异常问题，对负面情绪的管理都是必不可少的。当你心绪难平、心烦意乱或怒火中烧的时候，情绪管理可以帮助你尽快地恢复平静，避免情绪无节制地扩散和加剧对心理健康造成的不利影响。有很多方法能帮助我们管住自己的情绪，可以对情绪进行必要的防卫，可以对情绪进行合理的疏导，也可以对情绪进行有效的监管。

——情绪的防卫

在许多情况下，负面情绪的爆发会严重损害个体的身心健康。如何防止负面情绪的出现和爆发，是情绪管理的第一道关卡。我们可以采用意识提醒、注意转移等办法来控制自己的情绪，也可以通过培养自己的积极心理（如宽容和大度）来化解应激来源。除此之外，还可以利用我们生来俱有的心理防卫机制来制止负面情绪的涌动。心理防卫机制是为防止或降低情绪焦虑而自发产生的一些习惯性反应，是人的一种天然保护机制。心理防卫机制可以帮助我们暂时“曲解”一下造成应激的压力情境，使我们暂时免受压力的冲击和伤害。待心绪平静之后，再采用认知重建和情绪疏导等方法彻底摆脱应激状态。

否认。个体将已发生的不愉快经验加以否定，藉以避免或消除该经验带来的紧张或痛苦感受。比如家里亲人突然去世，一下子不愿意承认，这是一种被动的防卫。现实生活中有很多不如意的突发事件，在你还没有准备好去接受的时候，不妨先主动地予以否认，告诉自己那不是真实发生的事情。等做好思想准备之后再承认客观事实的存在。

转移。当人的需求或欲念无法经由直接方式得到满足时，就转移需求满足的对象，以间接的方式获得满足。比如自己的职称没有晋升上去，内心非常不愉快，但是可以从其他方面获得内心的平衡，比如学生和领导的认同，得奖的论文，甚至去吃一顿美餐，以化解心理的不愉快，转移职称晋升失败的失落感。

文饰。文饰又称为“合理化作用”。一种情况是我们常说的“酸葡萄心理”。是指在某些情形下，个人的动机或需求无法实现，为减轻因挫折而产生的心理冲突，有意无意地贬损未实现目标的价值，将自己的失败解释得合情合理，以此来维护个人自尊，保持心理平衡。就像一只狐狸吃不到高架上的葡萄，不承认自己没有能力，反而说葡萄是酸的，自己根本不想吃。另一种情况是所谓的“甜柠檬心理”。面对自己的不足和弱点，或者自己未能实现既定目标，有意无意地认同或抬高自己所处的境地，就像柠檬都是酸的，却认为自己的柠檬是甜的。做此文饰或合理化的目的，是避免内心冲突，获得暂时的心理平衡。偶尔使用这类防卫机制的确可以避免精神失落或崩溃，但是经常使用也会落得阿Q那样不思进取，无所作为。

升华。个人将不为社会所认可和接受的需求和愿望，调整到社会可以接受的更高境界，使其具有建设性并有利于社会和自己，以此化解内心的压力和不安。比如人际关系冲突中产生的怨恨和不满，无法直接地表达出来，更无法利用工作权力或工作关系报复对方。如果将这些内心的负面情绪和意愿转化为努力工作，以工作上的成就在心理上超过对方，获得心理的满足，一方面转移了原有的不良愿望，达到了内心的平衡，同时又创造了积极的人生价值，这就是升华的作用。

精神分析理论认为，人的性冲动也可以经升华转移到其他活动中，使其原来的冲动获得间接的满足和宣泄，消除因性动机得不到满足而产生的焦虑。因此对于由于各种原因导致长期夫妻分居的人，在工作和事业上取得成就，可以在很大程度上缓解性心理焦虑，这也是一种升华。

代偿。个人因自身原因而无法达成既定目标时会导致焦虑或不安，这时可采用其他方式或途径加以补偿或替代，从而缓解心理的不适感。比如许多家长没有接受过高等教育，也无法实现自己的某些理想和愿望，就通过对子女的精心培养，来实现自己的心愿，使自己的自尊心得以补偿。有的学生文科较差，于是就奋力攻读数理化，以其优异成绩来补偿文科的差距，达到心理的平衡。因此这是一种“失之东隅，收之桑榆”的积极代偿。实际上，人的生理系统中也存在这种代偿机制。盲人的听力一般都超出正常人，一些弱智的儿童却能够成为“白痴天才”，在数学或音乐等某一领域能力过人，这也与代偿机制有关。

此外还可以采用压抑、投射、反向、否定、幽默等心理防卫机制。这些心理防卫机制可以为人们寻找更为积极的情绪应对方法提供很好的缓冲作用。但是需要注意的是，尽管防卫机制具有很好的情绪防卫作用，偶尔使用一下这种方式，对于避免负面情绪的突然爆发不无好处。但防卫机制毕竟只是权宜之计，并不解决根本问题。而且经常使用防卫机制会使人的行为变得退缩，主动应对压力的意识减退，而且在许多情况下人的意识是很固执的，自己很难“欺骗”自己。因此，负面情绪的管理还要靠合理的疏导和积极的监控来进行。

——情绪的疏导

尽管有天然的防卫机制，不过在很多时候我们还是控制不住自己的情绪，急于将其发泄出来。而且负面情绪一旦产生，长时间压抑在心里并不利于身心健康。因此情绪生成之后应该以合理的方式宣泄出来。我们需要为这些有害情绪修建一条或几条顺利流淌的管道，使情绪的宣泄既不伤害自己的身心，也不有损害别人的情感。这是情绪管理的第二个重要环节。

接纳。经历了对突发负面情绪的防卫之后，待心绪缓和的时候就可以认真面对了。对于自己的负面情绪，不需要一再否认和回避。适宜的做法是接纳，承认自己的情绪不佳。负面情绪在短时间内不会自行消失，唯有认真面对它的存在，才能进一步缓解它，释放它，最终消除它。可以选择一个恰当的时机和场合来整理自己的情绪。比如自己在家独处，或者独自到一个安静的、无人打扰的地方，冷静地分析自己的情绪，是愤怒、焦躁、压抑、紧张、郁闷，还是其他不好的情绪体验，像脑子里过电影一样感受一下憋在心里的不快。暂且不管这种不快的体验是从何而来，因何而起，你只需将自己负面情绪提取出来，这就是情绪的接纳。当然，也可以由自己信得过的好友或专业的心理辅导人员帮助认识自己的情绪并接纳自己的情绪宣泄。寻求他人帮助是非常有效和明智的做法。

接纳负面情绪之后，接下来就是要为自己的负面情绪寻找合理的出口。

即使是很小的烦恼，也要寻机释放出去，否则会积压下来，逐渐汇集成大的焦虑。我们有时会看到有的人在经常地抱怨，其实这也是一种情绪的释放，但其合理性值得怀疑（抱怨的同时也在积累情绪）。建议老师们采用以下更健康、更合理的方法进行情绪的释放。

宣泄。选择适当的场合和方式宣泄。比如可以利用情绪宣泄室。情绪宣泄室在国外的学校和机构已很常见。国内一些学校也开始尝试为学生建立情绪宣泄室。实际上，情绪宣泄室就是一种自我心理调节的专门教室，里面配置了多功能沙发、吊椅、沙袋、橡皮人、健身器材、泡沫墙、涂鸦墙等宣泄工具。宣泄是心理咨询和治疗的重要环节，对于自我情绪疏导也十分必要。

也可以利用即兴演奏、舞蹈、绘画、书法等方式宣泄自己的情绪。这些非言语的情绪发泄方式有着很好的情绪释放效果，不对其他人造成伤害，也很好地保护了自己。

利用专门的宣泄情境把自己心中的积郁与痛苦倾吐、宣泄出来，可以大大减轻或消除紧张的情绪，恢复平静的心情。如果没有条件利用情绪宣泄室，也可以选择一种适合自己的方式将压在心底的情绪释放、张扬出来。比如大声喊一喊，放声哭一哭，高声吼一吼。情绪的释放可以大大减少对自己身心的损害。

倾诉。向亲友、同事或专业人员诉说自己的感受和不快，可以很好地释放自己的负面情绪。在心理咨询实践中我们发现，许多来访者第一次心理咨询的效果一般都很好。在很大程度上这是因为来访者的紧张情绪得到了初步的释放。因此，向别人倾诉自己的情绪和情感，是非常有效的情绪疏导方式。微小的情绪可以向家人或朋友倾诉，别管他（她）爱不爱听，只需将对方当作自己倾诉的听众。大的烦恼最好向心理咨询人员倾诉，对方还能利用专门技术帮助你倾诉。所谓一吐为快说的就是这个道理。

表达。在不伤害对方和不引起进一步负面情绪的前提下，可以直接向当事人表达出你的不满和担忧。但表达的时机和方式很有讲究。

应激后的第一时间和现场往往不是情绪表达的最佳时机。因为当时负面情绪的强度是在最高点上，相对难以控制，容易导致更深层的冲突。最好是在另外一个时间和地点，当当事人已经做好接受你的情绪表达准备时，以下面的方式作出正面表达：

——以事实为依据，就事论事地陈述事情发生的实际经过和结果，向当事人解释你的观点。这样做是为了让对方理性地接受你下面要表达的情绪。

——表达自己的情绪，直接说出你的心理感受，包括情感和情绪，如伤心、不满、生气等。这里要表达的是自己的情绪状态，比如“对此我感到很生气”，而不是向对方发出责难“你怎么能这样无理”。说出你自己的感受就足够了，不需要添油加醋。

——配合非言语行为，用目光接触、真诚表情、委婉语调等来表达你的情绪，这些可以在一定程度上抵消对方的负面情绪，使你的情绪表达更加容易被接受。

除了上面介绍的直接、正面表达之外，还有一种间接的表达方式，就是书写。可以利用日记、博客、书信等方式将自己的感受抒发出来。虽然简单，但却是非常有效的情绪疏导方法。

外向。在现实生活中，我们经常看到有些外向、率真的人往往不容易受到负面情绪的困扰，主要是因为他们经常进行情绪的自我疏导，总能心直口快地把自己的郁闷和不快表达出来，使得内心的冲突能够获得及时的缓解。而内向、孤僻的人不善于或者不屑于这种外倾和释放，总是将负面情绪压制、积累下来，长期得不到释放而容易引发心理疾病。因此积极心理学认为，乐群或外向是一种有利于心理健康的人格特征。我们每一位教师都应当尽量使自己外向一些。最有效的一种训练自己变得更外向的方法是，见到朋友、同事或自己的学生应该主动打招呼，不管对方是否先看到你。许多外国人都有这样的好习惯，甚至见到陌生人，都能礼貌地点头示意。这是一种乐群、自信的表现。坚持这样做，你会发现自己逐渐会变得开朗和阳光。

当然，所谓的“心直口快”也会给人带来麻烦和困扰。本来就外向的人应该充分利用前面介绍的情绪表达方式，避免随意表达情绪给他人和自己带来新的不必要的伤害。

乐群。还有一种非常有效的情绪疏导方法，就是当你情绪激动、愤怒、紧张的时候，不妨到人群中去，到人多的地方去。自身注意的转移和他人情绪的感染，会使你很快忘掉自己的不愉快。如果是在家里产生了负面情绪，可以到商场或广场人多的地方去疏导情绪。如果是在学校产生了人际冲突，可以到会议室去听会（无论会议是否与你有关），或者干脆到教室中和自己的学生待在一起。

——情绪的监管

前面讲过人的心境具有一定的弥散性。由一件事情引起的负面情绪，有时会莫名其妙地扩散到其他事情上。比如在工作单位遇到不顺心的事情，心中的郁闷会宣泄在家人尤其是孩子身上。回过头来冷静一想，觉得很不应该。这种情况如果不加控制会经常发生，负面情绪也会进一步积累、蓄积，直到有一天彻底爆发。

情绪的监管，就是对日常生活中的负面情绪进行记录和反思，通过这种行为疗法的积极强化，使负面情绪的出现频率和强度逐渐降低。制作一张不良情绪检核表（见表 9-1），每天记录一下发生在当天的不合理情绪的出现情况，其中包括你自己感受到的情绪的属性、强度、持续时间和发生缘由等。这种方法特别适合于经常发脾气、控制不住自己情绪的人。一天下来，你会发现有很多不该发生的情绪反应，因此有必要对每次情绪反应进行反思，考虑一下当时的场景，作出这样的情绪反应是否必要？是否可以有其他的替代方式？情绪反应的强度是否恰当？经过这些反思，今后再遇到情绪发作的时候，你就会自动提醒自己控制或减弱自己的情绪。随着不良情绪检核表中记录的负面情绪反应逐渐减少，你控制情绪的自信心就会日渐增加。

表 9-1　不良情绪检核表

日期	不合理情绪	强度	持续时间	缘由
6.14	愤怒	轻度	3 分钟	学生迟到
6.14	担忧	中度	30 分钟	孩子不回电话
6.14	紧张	中度	20 分钟	当众发言
……	……	……	……	……

——情绪的平复

情绪宣泄和疏导之后，感觉心情好了很多，但仍旧难以释怀。因为引发你负面情绪的问题还没有得到解决。有时候一个人的不佳情绪会维持很长时间，形成所谓的恶劣心境。除了以上各种方法之外，躯体放松训练也可以帮助我们进一步平复心中的郁闷和烦恼。如果一些负面情绪还是不得改善，就需要从认知和意识层面改变自己的思维方式。只有这样才能从根本上消除负面情绪赖以生存的土壤，使自己的情绪最终得以平复。这种情况下就需要用到下面介绍的认知调整技术。

精神和躯体的放松

人们在应激状态下会出现焦虑、烦躁、紧张等情绪反应，也会出现心悸、出汗、颤抖等躯体反应。在持久的压力和应激状态下，人的全身肌肉经常处于紧张状态，身体得不到有效放松。长此以往，不但会进一步引发其他各种不良的躯体反应甚至身心疾病，而且肌肉紧张带来的负面情绪又进一步得到负向强化，使得焦虑、烦躁、紧张等情绪反应更加加剧。因此，尽管有的人十分重视认知调整和情绪管理，但是如果不能同步进行身体上的放松，整个身心的舒畅感和放松感就难以实现。就像利用药物治疗控制心理障碍伴随的躯体反应那样，身体放松也可以有效地缓解负面情绪带来的肌体紧张，同时为情绪管理和认知调整带来积极的强化作用。

身体放松训练的直接目的是控制身体带来的紧张反应，首先是缓解肌肉的紧张。身体的紧张消除了，情绪的紧张也会随之缓解。有很多身体放松训练的方法，但核心环节都与系统放松（或称为渐进性放松）有关。以下介绍较为完整的系统放松程序。如果你长期处于紧张焦虑的压力状态，建议每天选择一段相对独处的时间，坚持进行放松训练。

——放松的注意事项

放松前的准备工作是十分重要的。首先，要寻找一处相对安静的场所，配置一把舒适的坐椅或沙发，也可利用自己的卧室和床铺，进行卧式放松练习。第二，解开紧身衣物（如领带、皮带等），摘下饰物、手表和眼镜，脱掉鞋帽，尽量减少触觉刺激，去除导致肌肉紧张的各种外界刺激。第三，要形成一种舒适的姿势。所谓舒适是指你的肌肉可以不必用力而能支撑住身体，全身舒缓放松。第四，合理安排放松练习的时间。放松练习一般应安排在午饭后或晚间睡觉前。每天进行20-30分钟的放松练习，第五，务必做到持之以恒。放松训练不是一朝一夕能够奏效的，必须经过数周乃至几个月的练习，才能收到明显的效果。

——系统放松的具体步骤

系统放松训练是通过循序交替地收紧和放松自己的主要肌群，潜心体验肌肉的松弛状态，最终达到缓解躯体紧张的目的。以下介绍了系统放松训练的主要步骤和要领。

1. 下肢肌肉放松

首先是双脚的放松。将双脚的脚趾慢慢向上用力弯曲，与此同时，双脚也紧绷起来，但腿部不要移动。持续10秒钟然后渐渐放松。放松时注意体验肌肉紧张时的感觉，微微发热、麻木松软。20秒钟后，做相反的动作，将双脚脚趾缓缓向下用力弯曲，双脚也同时收紧。保持10秒钟，然后放松。和上面一样，可以反复重复几遍，直到两边脚趾和双脚彻底放松下来。

接下来是小腿肌肉的放松。将双脚向上方朝膝盖方向用力弯曲，使小腿肌肉紧张。保持该姿势10秒钟后慢慢地放松。20秒钟后做相反动作，将双脚向前下方用力弯曲，使小腿肌肉紧张。保持10秒钟，然后放松。放松时注意体验紧张消除的感觉。

最后是大腿肌肉的放松。绷紧双腿，使双脚后跟离开地面，持续10秒钟，然后放松。20秒钟后，将双腿伸直并绷紧双膝，如同两只膝盖紧紧挟住一枚硬币那样。保持10秒钟后放松。注意体验双腿微微发热的放松感觉。

2. 臀部肌肉的放松

将双腿伸直平放于地面，用力向下压两只小腿和脚后跟，使臀部肌肉紧张，保持此姿势10秒钟，然后放松。接下来，将两边臀部肌肉用力夹紧，努力提高骨盆的位置，持续10秒钟，随后放松。这时你会感到臀部肌肉开始发热，并有一种沉重、发酸的感觉。

3. 腹部肌肉的放松

双腿弯曲向上高抬，与此同时胸部向下低压，以紧张腹部四周的肌肉，保持该动作10秒钟，然后放松。注意体验腹部由紧张到放松过程的变化感觉。20秒钟后再重复该动作。

4. 胸部肌肉的放松

双肩向前并拢，紧张胸部四周肌肉，体验紧张感，保持该姿势10秒钟，然后放松。此时你会感到胸部有一种舒适、轻松的感觉。20秒钟后再重复该动作。

5. 背部肌肉放松

颈部向后，用力弯曲背部，努力使胸部和腹部突出，使成桥状，坚持10秒钟，然后放松。20秒钟后，往背后扩双肩，努力使双肩合拢以紧张上背肌肉群。保持10秒钟后再放松。放松时注意背部的感觉。

6. 肩部肌肉的放松

将双臂外伸悬浮于两侧扶手上方，尽力使两肩向耳朵方向上提，保持该动作10秒钟后放松。注意体验发热和沉重的放松感觉。20秒钟后再重复该动作。

7. 上肢肌肉的放松

双手平放于沙发或坐椅扶手上，掌心向上，紧握你的两个拳头，用力握紧，坚持10秒钟。体会一下双拳紧张的感觉，你会感到攥紧的拳头很费力，双臂的肌肉也有些紧张和疲惫。然后慢慢地放松下来。注意体验双拳放松的感觉，你会感到很无力，很疲乏，继而很舒服，很放松。之后，将双前臂用力向后弯曲，使双臂的二头肌紧张，坚持10秒钟，然后放松。接下来，双臂向外伸直。用力收紧，再持续10秒钟，然后放松。每次放松时，均注意体验肌肉松弛后的感觉。休息20秒钟之后再做一遍。可以多重复几次，直到感觉整个上肢肌肉彻底疲乏，彻底放松。

8. 颈部肌肉的放松

将头用力下弯，力求使下巴抵住上胸部，保持10秒钟后放松。接下来，再将头用力向后仰，努力弯向后背，保持10秒钟后放松。最后，将头部分别向顺时针和逆时针方向各转动一周，然后还原放松。

9. 头部肌肉的放松

紧皱额头，就像生气时的动作一样。保持这种姿势10秒钟，然后放松。闭上双眼，做眼球转动动作。先使两只眼球向左偏转，尽量向左，保持10秒钟后还原放松。然后使两只眼球尽量向右边偏转，保持10秒钟后还原放松。随后，使眼球按顺时针方向转动一周，然后放松。再使眼球按逆时针方向转动一周，然后放松。皱起鼻子和脸颊部肌肉，保持10秒钟，然后放松。嘴角向后拉，使唇部肌肉紧张，保持此姿势10秒钟后放松。做努嘴状将双唇向前探，保持10秒钟后还原放松。用舌头顶住上腭，使舌头前部紧张，10秒钟后放松。最后，做咽食动作以紧张舌头背部和喉部，但注意不要完成咽食的最后动作，坚持10秒钟，然后放松。

——其他放松方法

系统放松方法较为复杂和繁琐，所用时间也比较长，适合于长期、慢性心理焦虑所产生的情绪反应。在一些突发的、短暂的紧张状态下，系统放松很难派上用场。这时候，就可以采用冥想放松、暗示放松等短平快的方法，同样可以达到放松身心、缓解紧张、抚平心境的目的。

冥想放松。冥想放松适合自己在办公室或家中练习。冥想放松不需要进行全身肌肉的渐进式放松，但是需要树立一个使你心境放松的目标，或称为诱导目标，比如能让你放松的声音（如潺潺流水声）、语句（如自己的名字）、画面（如广袤的沙滩）、情境（与爱人或孩子相处的场景）等。也可以自己背诵一首熟记过的诗歌，默默地哼唱一首喜欢的歌曲，想象和最亲近的人在一起的愉快体验，将自己的注意力集中在当前的诱导目标上，同时根据放松的要领进行深呼吸练习。

冥想放松的要点如下：

- 闭上眼睛，舒适地坐好；
- 倾听、说出或想象您的诱导目标；
- 想象脑海中的画面，宽广而浩森；
- 想象你的身体逐渐变得发沉和放松；
- 用鼻子吸气，并把注意力集中于吸气过程；
- 用嘴呼气，自然、放松、慢慢地呼出气息；

• 不要拘泥具体方法，按照自己的节奏让自己紧张和放松；
• 当你确实感到周身放松的时候，慢慢地睁开双眼；
• 慢慢地起身，恢复常态。

图 9-1　用于冥想放松的诱导画面

资料来源：http://www.websbook.com/sc/sc_img/15435.html

暗示放松。这是一种更为简单、随意的放松方法。暗示放松的关键是要找到一个能够暗示和诱导你放松的物体（如手表上的表针、墙壁上的图画、文稿上的某个字句）。每当你看到这个诱导物时，就可以即时提醒你进行放松练习。如果突然遇到或是重复再现了使你感到紧张焦虑的情境，就可以立刻注视这个放松的诱导物，同时放松全身，调整呼吸，静止凝思。你的焦虑状态很快就能得到缓解。

放松训练可帮助我们产生一种清新、宁静的身心体验。每天尝试着做 1-3 次这样的练习，尤其是在睡前或醒后，有助于缓解紧张的心理状态，克服不必要的焦虑心情。

音乐的心理调试

实际上，各种非言语的心理调节方式，如音乐，舞蹈，健身，放松等，都具有言语心理调试（如常规的心理辅导）所不具备的特殊优势。比如面对抑郁心境、自闭倾向、慢性焦虑等心理健康异常问题，许多当事人都不愿意甚至回避与外界的接触，常规的人际互动的心理辅导很难发挥作用。这时候，采用非言语的心理调适方式，就可以起到意想不到的缓解和治疗作用。

音乐对人有特殊的心理作用。《乐记》中就曾有“乐者心之动”的记述，说明音乐与人的精神活动存在非常密切的联系。和缓、优美的音乐能帮助人们松弛心灵，抚平心境，缓解焦虑，消除疲劳，对于维护和保持心理健康具有特殊的作用。

将音乐与特定的心理治疗模式结合起来，形成了一种重要的心理治疗方式，就是音乐疗法。音乐疗法就是借鉴音乐对人的情绪的调节作用，采取特定的形式和方法，将人的情感、需求、动机、潜意识等投射或融入到音乐之中，降低焦虑水平，缓解内心冲突，发泄负面情感，从而达到心理辅导和治疗的目的。音乐疗法最早发源于美国。在欧美国家，音乐治疗已初步形成了一种职业。我国音乐治疗的起步于改革开放以后。随着人们生活和工作压力的逐渐增加，音乐对于身心健康的恢复和促进作用越来越得到人们的重视和关注。目前在中国音乐学院和中央音乐学院都开设了音乐治疗专业的本科生和研究生课程。

——音乐调试的基本方式

自我音乐调试可以采用传统音乐疗法的基本方式，主要是聆听、参与、即兴演奏等。我们可以根据自身周围的环境和条件，采取适合自己的音乐调节方式。

1. 音乐聆听

这是大多数人都能采用的方式。通过聆听特定的音乐来调整人们的心境，达到心理保健的目的。主要有音乐冥想、音乐放松、音乐想象和歌曲讨论等几种形式。

音乐冥想一般采用类似瑜伽或禅宗音乐的曲目，以静坐、参悟的方式，让我们的整个身心融入到玄妙、悠扬的音乐之中，达到一种天人合一的忘我境界，在冥想中放松心情，驱走烦躁。

音乐放松是将音乐与躯体放松结合起来。目前这方面的专用音乐还很少见。我们可以选择那些较为平缓、低沉的曲目，将躯体放松的指导语同所选音乐录制在一起，制作成一盘音乐放松的特制光盘，在音乐中放松身心。

音乐想象是让聆听音乐的人在特别编制的音乐背景下产生想象。治疗意义的音乐想象是在音乐治疗师的引导下使聆听音乐的人大脑中出现特定视觉图像，这些图像具有某些象征意义，常与病人潜意识中的冲突和矛盾有关。实际上这是借助音乐来达到回忆和发掘潜意识的作用。除此之外，还有一种心境调适的音乐想象，与上面提到的音乐放松较为相似，也是在指导语的引导下，在聆听音乐中想象那些使人放松身心的美好画面，如和缓的大海和溪流，浩荡的森林与沙漠，清新透彻的蓝天白云或潺潺流水等，可以起到缓解焦虑紧张的作用。

歌曲讨论是以集体或小组的方式，由当事人选择自己喜欢的或具有特殊意义的音乐曲目，可以是歌曲，也可以是乐曲，大家在一起聆听后讨论分享各自的感想和情感。人们在重新聆听这些音乐曲目时会回忆以前的情境，讨论时会引发强烈的情绪反应，有的是欢乐，有的是悲伤，也有的是惆怅。大家都在敞开心扉，流露情感，回忆往事，在动情交流和互动中得到安慰、支持和温暖。讨论之后会产生一种放松愉快的情绪体验，好像压在心里的大石头被搬掉了。这就是音乐调试的功效。无论是个体的音乐聆听，还是集体的音乐聆听，都是在一种自然平和的气氛中进行的，回避了专业心理辅导带来的敏感和尴尬，是一种非常适合教师人群的心理调适方式。

图 9-2　音乐心理调试教室

2. 音乐参与

音乐聆听借助的是音乐的引导和共鸣功能，然而音乐更具有娱乐的功能。娱乐对于维护健康心境的作用无疑是良性的、积极的。音乐参与就是引导当事人在参加演唱和演奏中得到娱乐，表达和抒发自己的真实情感，促进和改善人际关系。临床专业机构中采用的工娱疗法就是一种典型的音乐参与式的辅助性心理治疗。通过专门设置的工娱治疗室，让心理障碍患者亲自参加各种演唱和演奏活动，在娱乐中放松身心，感染心境，非常有利于患者的康复。在实际生活中，卡拉OK演唱是一种很好的音乐参与方式。我们每次纵情歌唱之后（如果不很在意别人对你演唱水平的评价的话），都会感觉到心情的放松和愉悦。有条件的学校应该建立专门的工娱活动室，以音乐参与的方式帮助广大教师维护积极心境，促进身心健康。教师本人也应该尽可能多地参与音乐调试。如果能和同事、朋友和家人在一起共同演唱，则有可能获得音乐调试和社会支持的双重功效，非常有利于个体的心理健康。

3. 即兴演奏

这是专业音乐治疗采用的心理调适手段。主要是利用简单的打击乐器（如鼓、沙锤等）、钢琴或当事人会演奏的任何乐器，在音乐治疗师的引导下，随心所欲地演奏。即兴演奏与音乐倾听一样，都是将当事人的情感和愿望投射在音乐中，但是投入的方式和音乐的性质有所不同，前者是自我创作，情绪引导音乐，音乐也可能是杂乱无章的。后者是被动跟随，音乐引导情绪。二者都可以达到宣泄、释放和缓解焦虑的作用。即兴演奏可以是一个人独自演奏，小组成员或音乐治疗师在一旁感受、倾听，演奏之后由音乐治疗师和小组成员帮助他分享演奏中的情感；也可以是集体共同演奏，就像音乐心理剧一样，采用集体治疗的形式，每人选择一件能表达自己感受的乐器进行即兴演奏，音乐治疗师引导大家在演奏中把自己的情绪表达出来，然后再一起讨论各自的感受，在演奏和交流中大家产生共鸣，达到共同调节心境的作用。

——选择合适的音乐

一般来讲，不同的音乐会有不同的心理调适作用。悠扬、和缓的音乐有安神抚躁的功能，欢快、高亢的音乐有扬抑抗郁的效用。一般说来，音乐调试应该因人而异，因症而异。情绪消沉压抑的人，可以多听一些欢快、振奋的乐曲；情绪烦躁易怒的人，则须多听优美、柔和的乐声。有的研究还表明，一些特殊的音乐还有减轻疼痛、降低恐惧的作用。由此可见，选用什么样的音乐应该取决于问题心境的性质。

许多专家给出了针对特定情绪状态的调试音乐曲目，即所谓的“音乐处方”。归纳起来，有以下几种类型的功能音乐：

抑郁压抑时倾听的音乐：

民乐	西乐
《步步高》	《第五钢琴协奏曲-皇帝》（贝多芬）
《金蛇狂舞》	《勃兰登堡协奏曲第三首》（巴赫）
《采茶扑蝶》	《第三交响曲》（门德尔松）
《喜洋洋》	《第四十交响曲 B 小调》（莫扎特）
《花好月圆》	《海》（德标西）
《欢乐舞曲》	《蓝色狂想曲组曲》（盖希文）
《娱乐升平》	

烦躁焦虑时倾听的音乐：

民乐	西乐
《雨打芭蕉》	《威风凛凛》（艾尔加）
《江南好》	《匈牙利舞曲》（布拉姆斯）
《化蝶》	
《梅花三弄》	

睡眠障碍时倾听的音乐：

民乐	西乐
《二泉映月》	《摇篮曲》（莫扎特）
《平湖秋月》	《仲夏夜之夜》（门德尔松）
《春思》	《钢琴前奏曲》（德标西）
《烛影摇红》	

疲乏倦怠时倾听的音乐：

民乐	西乐
《得胜令》	《命运交响曲》（贝多芬）
《金蛇狂舞》	《A 大调第六奏鸣曲》（博克里尼）
《步步高》	《轻骑兵》序曲（苏佩）
	《土耳其进行曲》（莫扎特）

本讲小结

负面情绪对心理健康的影响是明显的，有时候甚至是灾难性的。缓解负面情绪是保持心理健康的首要环节。我们与生俱来的心理防卫机制可以帮助我们暂时回避负面情绪的冲击，但是不能常用，否则就是长期自我麻醉了。负面情绪的调节有多种渠道。通过合理的释放和疏导，可以让不良情绪排遣出去，阻止其对认知的干扰和对身体的损害。考虑到负面情绪与躯体的紧张状态有关，身体的放松也会带来情绪的平复，这方面的方法有很多，总有一种适合你。当然，有些负面情绪是由于不合理观念带来的，调节负面情绪首先要改变认知方式，这样才能从根本上消除它、远离它。

第十讲　保持心理健康策略之三：调整非理性认知

能令我们困扰的不是别人的行为，而是我们对这些行为的看法。①

——马可・奥勒留

人的情绪与认知看似是两个不同的心理过程，但实际上却是紧密联系在一起的。我们生活中的许多负面情绪都是由我们对事物不恰当的认知引起的。换句话说，不是事情本身使我们不快乐，而是我们对事情的看法使我们不快乐。一般来讲，消极的思维多会伴随消极的情绪。同时，消极的情绪又会带来一些消极的想法，并由此形成恶性循环，使得个体的不良情绪总也无法得到缓解和改善。如果对负面情绪追根寻源的话，人们往往会发现一些非理性的想法、态度、信念和观念。这些认知结果有些是习惯性的，所以有的人总是在抱怨、不满和郁闷之中；有些是情境性的，属于一时的误解或曲解，也会导致人的情绪失控，或朝着事与愿违的方向发展。面对这些情况，认知调整就成为改善人的心境和情绪状态的有效手段。心理咨询和治疗的临床实践中就有所谓的认知疗法或结合行为治疗的认知行为疗法，都是基于改变和调整人的认知来缓解和消除内心的冲突。

① 马可・奥勒留. 沉思录［M］. 上海：上海三联书店，2008：148.

合理情绪疗法

人是理性的，也有非理性的时候。心理治疗中的认知学派认为，人的不良情绪或心理困扰大部分源于不合逻辑和不合理性的思考与判断。换句话说，不是压力本身引起了负面情绪，是你对压力的看法和态度导致了内心冲突。当这种看法归于理性之后，负面情绪和冲突就不存在了。基于此种理论，心理学家艾利斯（A. Ellis）提出了他的合理情绪疗法（Rational Emotive Therapy，简称 RET），后来发展成为 A-B-C-D-E 理论。A（Activating Event）指外来的引发事件，B（Beliefs）是指个体对引发事件的看法和观念，C（Consequences）是指在特定情景下，个体作出的情绪及行为反应结果，D（Dispute）是对非理性的想法和观念予以驳斥和辩驳，E（Effect）是经认知调整后的结果。有人将这一过程称为是认知重建，旨在通过人们想法和观念的调整，改变负面的应激反应，达到情绪管理和调试的作用。

例如，一天当你下课后回到办公室，房间内的老师们见到你进来，突然放声笑了起来。这个场景就是引发事件（A），由此可能会引发你的种种想法：

——他们在故意取笑我。

——他们肯定有事瞒着我。

——我身上有什么不对劲的地方？

——他们是一伙的，想孤立我。

——我和他们不是一路人。

以上这些想法就属于非理性观念（B）。在此观念支配下，你会感到疑虑、郁闷、自责、孤独、气愤，于是从内心深处感到与同事们之间有了隔阂，默不作声或阴沉着脸走到自己办公桌前坐下。你的行动表明了你的不满和反应（C），其中包括了不合理的感受和不恰当的行为。如果冷静下来，认真思考一下刚才自己的感受，对事情的经过进行简单的分析和判断，发现自己想法中的不合理成分，并对这些不合理想法进行驳斥（D），你便很快从不良情绪中解脱出来。看看以下的批驳是否有效：

——他们都很善良，不会取笑我的。

——他们之间有点小秘密也是正常的。

——我很好，没有什么不对劲的地方。

——他们是在笑与我无关的事情。

——我进门的时候正赶上他们在说笑话。

——他们挺可爱的，总是爱说笑。

经过对非合理观念的判断、质疑和驳斥，产生了较为理性的新想法，自己的心绪也慢慢地平静下来，主动走到同事们身边微笑着询问刚才发生了什么事情。这就是认知调整后的结果（E），其中包括了新的观念、良性的情绪反应和行为反应。这时候其中的一位同事将真相告诉了你，你也忍不住和众人一起笑了起来。可以想见，如果不进行认知的调整，你心中的郁闷会一直延续到某位好心的同事找你说出事情的原委。如果大家都不在意这件事情，没有人向你说明原委，你与同事间的隔阂和心结就此产生了。许多人际关系的困扰都源于此。

至于为什么有的人总是会对引发事件产生不合理的认知，而有人却不是这样，心理学家们给出的解释是自动化思维在起作用。所谓自动化思维是指在个人成长经历中形成的、对应激事件作出的习惯性想法，与不合理认知相伴随的各种习惯性思维大多都是负面的、消极的，因此会连带作出各种负面的情绪反应。这些自动化思维与个体的人格特征和行为方式密切相关，调整和改变自动化思维存在一定的困难。嵌入人格特征的自动化思维，会对个体的心理健康带来不良影响。对于存在负面自动化思维的个体来说，认知方式的调整和改变显得尤为重要。

常见的非理性认知

即使没有形成不利于身心健康的自动化思维，我们大多数人也都有不理智的时候。一些非理性的观念时常会冒出头来，干扰和影响我们平和的心境。常见的非理性观念包括以下几种：

1．理想化

认为事情应该按照自己的理想预期或想法来发展，如果不能实现自己的预期，就会产生挫折感而无法接受。比如A型性格的人时间观念非常强，不但自己不迟到，对于别人因故迟到也产生不满、焦虑甚至怨恨。许多成就动机很强的人，总是觉得自己付出努力了，应该达到个人的目标。这种理想化的非理性模式是“应该或必须……否则就……”，事情不能如其所愿就无法忍受。

应对理想化思维的理性观念是留有空间和现实态度。首先，要意识到事物发展的影响因素是多方面的，不可能都按照我们个人的主观愿望去发展。因此在设定个人目标的时候需要留有余地，不要把弓拉得太满，设想好不能实现目标的可能性。如果现实情况果真没有达到我们认为的理想境地，就需要以现实的态度接纳它，承认其中的道理，做出正确的归因。

2. 以偏概全

也称为过度引申或过度泛化。仅依据个别细节或偶然发生的事件对整体和全部下结论，尤其是针对个体的能力和价值，由此增添很多烦恼和愤怒。比如看到自己喜欢的学生某门成绩有所下降，就认为没有出息，恨铁不成钢。有一些新老师某一次课没有上好，就开始怀疑自己的教学能力，感觉自己不适合当教师。这种以偏概全观念的非理性模式是“一点不好全都不好，一处优点全身优点”，这在心理学上也称为晕轮效应。

应对以偏概全的理性观念是就事论事，分析和发现问题的偶然性和局部特征，用成功的案例批驳过度引申，正确认识偶然和必然、局部和总体、特殊与普遍、现实与长远的关系。关键是要找出使你做出以偏概全结论的足够证据，如果没有足够证据支持你的结论，就应该果断放弃非理性观念。这样你的情绪就恢复正常了。

3. 极端性思维

把生活和事物看成是非黑即白、非好即坏、非对即错的单色世界，没有中间色和过渡阶段。这是一种过于简单、概括和武断的非理性观念。比如自己不喜欢某位同事过于外向，就认为对方整个人都一无是处、不可救药；学习成绩好的学生全身都是优点，没有缺点。当这种极端性思维与现实情况发生冲突时，比如看到学习成绩好的学生不尊重父母，内心就无法接受，由此带来很多烦恼和失望。这种极端性思维的非理性模式是“不好就是不好，好就是好”。

同极端性思维相对应的理性观念是发现并承认中间状态，全面看待自己所关心的事物。正所谓人无完人、金无足赤，看到事物好的一面时，不要任意概括或延伸，看到事物不好的一面时，也不必全盘否定。实际上，多彩的世界和人生才是最美妙的。

4. 人为夸张

对客观事物作出歪曲的评价，过度夸大负面的结果预期，并由此感到担惊害怕、紧张忧虑。比如学生的一次模拟考试失败了，就丧失了对高考成功的预期。许多存在社交恐惧问题的人往往人为夸大自己在人际交往中的“不幸”后果，觉得自己某次言语或着装失当会得到别人的全盘否定，再也见不得人了。自己在学校领导面前说错了一句话，就会觉得天塌地陷了，从此领导再也不会重用自己。这种人为夸张的非理性模式是“一招棋错，全盘皆输”。

应对人为夸张的理性观念是理性评估当前的失误，找出出现问题的真正原因，比如准备不充分或情境性因素，这些都与自己的个人能力和价值无关，至少关系不大。同时回顾并总结出过去的正面和积极经验，唤起对自己才能和价值的认同和肯定，以此来对抗对当前问题的过度夸张和延伸。制止了夸张思维，个人的情绪和心境就会逐渐平静下来。

5. 个人化

将外界本来与己无关的事物与自身发生联系，是一种以自我为中心的非理性思维。这类人总是有意无意地将当前发生的事情与自己联系在一起，比如前面例子中所提到的，下课进门听到老师们在一起笑，就觉得大家在取笑自己。参加班级体育比赛失利了，就觉得是自己能力和努力不够导致了班集体的失利。学校领导批评有的老师工作不得力，就习惯性地认为校长是在批评自己。常把无关事件的责任引向自己，并为此产生强烈的自责，感到十分郁闷和烦恼。这种个人主观的非理性模式是“我不下地狱谁下地狱”。

与这种非理性思维相对应的理性观念是去自我中心，不需将任何事都与自己联系在一起，多从外部和客观上找原因。同时认识到自己不是万能的，自己的能力和能量是有限的，不需要为别人承担额外的责任。

根据以上非理性观念的种种模式，心理学家们归纳总结出了经常影响人们正常情绪状态的非理性观念。这些观念在许多人身上形成了根深蒂固的自动化思维，长期困扰着他们的情绪和情感，是内心冲突和焦虑的主要来源：

- 应该得到对自己重要的人（如上级领导或自己的父母）的赞许；
- 能力强且有成就才有价值；
- 不对的行为就应该受到严厉惩罚；
- 如果事情不如我们所预期那就是很糟的事情；
- 我的不快乐和问题总是由外界引起；
- 外界的情况和问题总和我有关；
- 担心危险的事情再度发生；
- 过去的经验总是正确、有效的；
- 凡事都应该有一个完美的结局；
- 不好的全不好，好的哪都好；
- 不好就是不好，好就是好；
- 我有责任为别人解决难题或解脱烦恼；
- 逃避困难和挑战是最轻松、容易的。

非理性认知的改变

调整非理性认知就是改变不利于心理健康的认知习惯。非理性观念是个体出现负面情绪反应的主要原因。而且习惯性的非理性观念会在潜移默化中改变人的个性和行为方式，使之产生非建设性的消极心境，长期影响个体的身心健康。合理情绪疗法为我们提供了改变非理性观念的技术手段，主要包括辨识、驳斥和重建三个过程。

——辨识非理性观念

持有非理性观念的人往往并不认为自己的想法是不合理、非理性的，尤其是那些自动化思维。分辨并判断思维的合理性，是认知调整的首要环节，否则后续的驳斥和重建就无从谈起。但是对于大多数持有非理性观念的人来说，承认自己非理性是具有一定难度的。

首先，要为负面情绪寻找原因。如果体验到自身的郁闷和焦虑而不去想办法制止，就无法寻找和发现背后的非理性观念。许多人将自己的负面情绪归结于引发事件（A），而看不到自己非理性观念在其中发挥的杠杆作用。这时候要特别注意分清哪些是负面情绪的引发事件，哪些是对引发事件的非理性观念。比如在前面提到的案例中，是同事们在你进门时发出笑声这件事本身使你感到不快，还是由此引发的你的各种想法使你感到不快？冷静下来仔细一想，就能分辨出负面情绪的真正原因。

其次，要确认观念的非理性。知道了是自己的想法造成了自己的烦恼，就需要确认这些想法的合理性。可以根据这些想法造成的直接后果来判断其合理性。比如可以自问自己，刚才的想法是否是导致烦恼的主要原因，这种想法是否给自己造成了伤害和困扰，是否影响和干扰到自己的正常生活和工作，如果是的话，就可以认定其为非理性观念。也可以根据这些想法的逻辑性来判断其合理性。比如这种想法是否与事实相符，是否与过去的经验相符，是否与其他人的普遍看法相符，如果不是的话，就可以将其归为非理性观念。还可以根据非理性观念的一些典型特征来判断其合理性，比如发现是否有理想化、绝对化、极端化、概括化或个人化的成分在里面，如果有的话，就可以确认其为非理性的。

——质疑和驳斥非理性观念

实际上，即使发现了非理性想法和观念，如果没有足够的理由否定和替代这些非理性观念，它还会照样发生负面作用，引发消极情绪。因此对非理性观念的质疑、驳斥和批判成为认知调整的关键环节。质疑和驳斥不合理观念的方法包括以下几种：

逻辑性驳斥。以事物的逻辑关系为依据，驳斥非理性观念的错误假设、推论或结论。

实证性驳斥。以事实和经验为依据，寻找与非理性观念相反的例证。

反问。询问自己与当前非理性观念相反的结论是否成立。

评估最坏程度。设想事情发展的最坏程度会给自己带来什么样的后果。

这种后果是否真的难以承受。

——重建新的理性观念

对非理性观念进行驳斥之后，需要重新建构新的理性想法和观念。实际上，在批驳非理性观念的同时，总会有一些新的观念会取而代之。这些新的观念可能是理性的，也可能是非理性的。只有产生新的理性观念，认知调整才能达到最终的目标。理性观念的判断标准是不会使你产生新的负面情绪。

我们可以根据自己的实际情况，找出影响工作与生活的不合理观念（也可由家人或亲友帮助寻找），写在纸上。然后以逻辑推理的方式提出质疑，进行辩论，最后找出合理观念取而代之。应经常性地对自己的不合理想法、态度、认识和思维方式提出质疑。长此以往，有助于形成一个合理的、客观的、符合逻辑的认知系统。

养成健康的认知习惯

及时识别并批驳非理性认知、观念或习惯性思维，固然可以帮助我们很好地调整心态，保持心理健康。但毕竟是需要一些勇气、毅力、宽容（对自己）甚至技巧。如果能够养成一些良性的、理性的、积极的习惯性思维，岂不省却了我们很多的烦恼和挣扎？培养并形成健康的认知方式和思维习惯对于保持心理健康的作用是不言而喻的。不过，这种习惯性积极思维的形成是需要一个过程，经过一定积淀的，需要我们养成积极的归因风格，无条件的自我接纳，建设性的自我肯定。

——形成积极的归因风格

我们人类原本是有乐观向上的本能的，就像这张心理双关图（见图 10-1）一样，我们大多数人首先看到的是一个美丽少女的侧脸，只有少数人能够辨认出这也是一个老妇的肖像。就像精神分析学说认为的那样，我们有选择性地遗忘。积极的事物更容易引起我们的回忆和关注。但是由于人们的社会生活经历不同，环境条件各异，有的人历经蹉跎岁月，有的人一帆风顺；有的人乐观向上，有的人悲观消沉。于是形成了不同的认知风格和思维习惯。

图 10-1　心理双关图

资料来源：http://baike.baidu.com/view/357342.html

一个人是乐观的，还是悲观的，与他对客观事物的期望方式或解释风格直接相关。倾向乐观的人一般认为事物发展是可控制的，而倾向悲观的人多认为事物的发展不受个人意志的控制。比如，一个人在求职面试中失败了，乐观性格的人会认为自己发挥得不够好，有需要改进和提高的空间，下次面试会引以为戒，他将失败归结于内部的可控因素；而悲观性格的人则倾向认为面试结果取决于有太多的宿命和偶然因素，或觉得人选已经内定了，或自己遇到的题目太难，这些都是自身难以控制的。同样一个人的求职面试中成功了，乐观的人倾向认为这是自己能力和努力的结果，而悲观的人则倾向认为自己的运气还不错。前者将行为结果归结为可控制的，通过个人的主观努力可以实现自己的目标；后者则将行为的结果归结为不可控制的，自己无论付出多少努力都无济于事。这就是乐观性格同悲观性格的主要区别。培养积极的人格特质，首先要形成乐观的归因风格。

面对生活和工作中的挫折和失败，乐观的归因有助于我们积极地正视自己遇到的问题，探索和发现其中的原因，鼓足勇气以利再战。因此，当我们身陷困境的时候，不妨做一项细致的科学分析，看看当前的问题或困难是不是暂时存在的，时过境迁的，可以控制的。通过理性思维和逻辑判断，将那些自己认为是不可控的因素降到最少。实际上事物发展的规律也是这样，生活和工作中的任何停滞或困境都是过程中的。只要抱定乐观向上的积极信念，我们每个人的身心健康就会得到多一层的坚实保障。

——无条件积极自我接纳

人本主义的心理治疗理论主张要无条件地接纳来访者的情感和问题，不但要接纳来访者积极的、愉快的、自信的情感体验，更要接纳来访者消极的、痛苦的、自负的情感体验。也就是说，要把来访者作为一个独立自主的人予以接纳和关注，允许他拥有自己的情感和体验，并允许他从中发现属于他自己的意义和价值。积极的心理学主张不但要无条件地积极接纳他人，更要无条件地积极接纳自我。

实际上，不能无条件积极自我接纳是影响个体积极心理和心理健康的关键因素，也被认为是心理健康异常（尤其是神经症）的主要问题所在。人们无法变得积极和自信，主要是因为我们总是有条件地接纳自己，即只有自己取得好的成绩时才接纳自己，只有当获得外部的积极评价时才认可自己。这就等于是为接纳自己设置了前提条件。当面对失败和挫折的时候，习惯于消极地自我否定，对自己过于苛刻。但是在现实生活中，人们获得外部积极评价的机会要小得多，更多面对的是平淡和困难，挫折和失败，因为人的能力是有限的，决定成功的因素是复杂的。

无条件积极自我接纳可以打破这一消极的心理魔咒。所谓无条件积极自我接纳，就是无需预设条件，在任何情况下都能积极接纳自己。首先，不轻易对自己下结论。任何事物都是处在变化、发展中的，个人的成长也是渐进的。当前遇到的问题今后很有可能就不是问题，无需为暂时的挫折否定自己。其次，驳斥“有成就才有价值”的自动化思维。一件具体事情上的成功固然可以为自己赢得荣誉和自信，但是失败也无损于自己存在的价值和尊严。与成功的人相比，所谓的“失败者”并没有失去什么（就像参加奥运会而无法获得奖牌的大多数运动员那样）。再有，避免将挫折和失败无限引申。一城一池的得失在所难免，不能因此就对自己全盘否定。失败不是永久的失败，问题也不是普遍的问题。分析问题应就事论事，需看到“东方不亮西方亮”。最后，无条件积极自我接纳不等于自我麻醉，接纳的是自己的存在和情感，而不是自身存在的失误与不足。在自我接纳的同时还要关注问题、解决问题。

——获得积极的自我肯定

当我们获得进步和成功时也无需吝啬奖励和肯定自己。这样才是全方位的自我接纳。从心理学的角度来看，积极人格的培养更多在于正向的强化。许多学习成绩好、学习动机强的学生，在其童年的学习经历中经常得到老师或家长的表扬与肯定。一些偏科的学生，其优势学科也是在不断的正面强化中形成的。一个人对自己的认可和肯定，多来自于日积月累的微小进步。积极人格培养的一条重要途径，就是通过各种能力和行为的激发和强化，形成对自身价值和能力的充分肯定与自信，最终形成较高水平的主观效能感——觉得自己是有能力、有价值的人。这是一种有条件的自我接纳，关键是要创造条件，不断获得积极的自我肯定。

许多心理健康异常问题出现的一个重要内在原因是当事人失去了对外界和自身的控制感，他们担心忧虑的不是客观问题本身，而是自己不能有效控制问题的后果。比如患上社交恐惧症的人，令他们感到恐惧的不是需要交往的异性或个人，而是自己在对方面前失态的后果。这种失去控制的感觉或想法主要来自于在以往相同的情境中很少获得积极的自我肯定。要想改变这种低水平的自我肯定状态，需要按照系统脱敏那样的实践路径，采用小步走方式，一点一滴地积累正向强化的经验。在工作和生活中，积极、主动、有准备地做好每一件事，上好每一堂课，积累每一次自我肯定，享受每一次积极体验。当正面强化和自我肯定逐渐增多的时候，自信、自尊、自我决定的认知方式就日渐成型了。

本讲小结

许多负面情绪是我们强加给自己的。无论是情绪性的误解，还是习惯性的曲解，我们总是在一些不合理、非理性的观念、看法和判断的作用下失去自我。因此调整非理性认知就成为保持积极心境、消除不良情绪的重要法宝。当然，有些非理性认知是根深蒂固的，属于不合理的认知方式和思维习惯，不是靠一时的批驳或否认就能改变的。但是听之任之总不是办法，关键还是要从小处着眼，从点滴做起，抓住生活中的每一个不合理认知，及时地予以纠正，重建积极的思维方式，养成正面看待事物的认知习惯。自己的认知合理了，情绪也就变得理性了，生活中也就省却了许多烦恼。

第十一讲　保持心理健康策略之四：塑造积极心境

我们每一个人都随身携带着一个看不见的法宝，这个法宝的两面分别装饰着四格不同的字，一面是“积极心态”，一面是“消极心态”。①

——拿破仑·卡尔

前面提到过，由于职业特点和社会期许的关系，教师承受了很大的工作和生活压力。积极心理的塑造，对于维护教师的心理健康具有重要的作用和价值。然而，什么是积极心理呢？尽管积极心理学对此并没有一个完整的定义，但是积极心理至少应该包括以下三个方面的含义：

一是积极的情绪体验。这是积极心理的基础，既包括主动寻求快乐和愉悦，即所谓的“人逢喜事精神爽”，通过特定活动体验和感受到正向的情绪体验；也包括面对挫折和问题时尽量回避和阻滞消极的情绪体验。积极心理学有关感官愉悦、心理享受和主观幸福感的研究，倡导人们更多地体验积极情绪，促进身心健康。

二是积极的心理过程。这是积极心理的支撑，主要是指个体积极地面对或解释自己和社会面临的问题，比如积极面对过去，回忆过去成功的积极往事，遗忘过去失败的消极经验；积极面对现在，认同本职工作的意义和价值，

① 拿破仑·卡尔. 积极心态的力量［M］. 天津：天津社会科学出版社，2009：1.

寻找和从事各种能够带来积极情绪体验的福乐（flow）活动；积极面对未来，乐观地理解和憧憬未来的事业，对未来个人与社会的发展充满希望。

三是积极的人格特征。这是积极心理的核心，主要是指那些对身心健康具有正面意义的个性心理特征和稳定的认知与行为方式。以往我们一般认为人格特征没有好坏优劣之分，如果从价值取向和道德判断的角度来看，我们的确很难评价一个人的积极人格与消极人格，很难说一个孤僻、内倾的人一定会对自己、他人或社会造成不利影响，尽管媒体上经常将一些心理障碍或突发事件归结于当事人的内倾性格。但是从个体心理健康的角度来看，诸如乐群、自信、乐观、接纳、尊重、仁爱、节制等有利于形成积极心理状态的人格特征，的确会对个体的积极体验和心理健康带来积极、正面的影响。

增强积极的情绪体验

积极的情绪体验是指那些愉快的情绪感受。塑造积极心理的首要环节就是增强个体的积极情绪体验。积极的情绪体验是积极心理的基础和土壤。我们很难想象一个很少快乐的人，其心理状态却是积极向上的。积极心理学对积极情绪的解释主要包含两个方面的特征，一是体验本身是正向的、积极的，如兴奋，高兴，快乐，愉悦，满足，放松等，二是体验的结果是正向的、积极的，即能够激发或促使个体产生正向情绪引发个体的行为倾向。这意味着所谓的积极情绪体验，不但能使个体感到愉悦，而且能够引发个体再次趋向这种情绪体验的愿望和行动。比如我们从自己喜爱的工作或活动中体验到欣慰和愉快，这种欣慰和愉快不是时过境迁，它能促使我们更加愿意继续投入到引发这种欣慰和愉快的工作活动中。也就是说，积极情绪不仅仅是积极情绪本身，它带来的动力作用更为重要，更为积极心理学所看重。这就是积极情绪体验的意义和作用所在，也是积极心理学意义上的积极情绪。根据积极情绪持续时间和作用时间的长短，可以将其分为感官愉悦、心理享受和主观幸福感这三个层面。

——积累感官愉悦

在人的积极情绪当中，感官愉悦（sensory pleasure）属于较为基础和本能的情绪体验，它是指有机体消除自身内部紧张力后的一种主观体验[1]，是伴随机体感觉器官的放松而产生的一种愉悦感和满足感。比如，一顿美餐、一场热身运动、一次满意的性生活或者饥渴后的开怀畅饮，都会使我们感到异常的愉悦和放松。

这种感官上的满足和放松多是基于生理需求的满足或机体内部的平衡，从积极心理的层次和水平来看，似乎属于比较低级的情绪体验。也正因为如此，感官愉悦对于积极心理的重要作用经常为人们所忽视，以至于在我们的日常生活中，几乎不把这种来自感官上的快乐作为积极的情绪体验来看待，因为它似乎不具备积极情绪的驱动动力。也就是说，许多人不会为了追求这种感官上的愉悦而诉诸明确的行动，人们期待的是更高层次的理想和追求。

感官愉悦另一个特点是存在时间比较短暂，随着机体紧张感的消除和平衡感的恢复，感官愉悦很快就消失了，因此它对人们行为的动力作用也相对较弱甚至没有。这种“一时痛快”的感觉很容易被人们所遗忘，它对个体积极情绪的贡献也常被忽视。加上太多文化和意识形态上的约束，人们对感官愉悦的节制被认为是常态的，对感官愉悦的追求被认为是堕落甚至不耻的。因此人们很少重视感官愉悦的积极作用。

尽管依靠个人的意志力和愿景驱动也能感受到更高层次的积极情绪（如下面提到的心理享受和主观幸福），但是感官愉悦对个体积极心境的影响还是客观存在的，而且对于大多数人的积极心理状态的确有一定的积极正面作用。从马斯洛的需求层次论的角度来看，基本需求的满足是更高层级需求的基础和前提。能够更多体验感官愉悦的人，更容易感受到工作和学习带来的愉快，也更容易克服困难和挫折带来的消极体验。

如果我们充分重视感官愉悦的积极作用，获得感官愉悦的途径还是比较多的。比如每周至少吃一顿自己喜欢的饭菜，设法保障饮用水的口感和质量，每次性生活都能获得高质量的满足体验，坚持每周2-3次有氧运动项目，学习并掌握身体放松的基本方法等。当这些感官愉悦积少成多的时候，你的情绪和心理状态会变得更加积极、愉快。一个人一旦到了“吃嘛嘛香”的境界，

---

① 任俊. 积极心理学［M］. 上海：上海教育出版社，2006：87.

其积极的情绪体验必然会泛化到其他活动中。反观之，如果在日常生活中我们很少体验到感官愉悦带来的积极情绪体验，我们的情绪和心理状态必然或多或少地受到一定的负面影响。众所周知，一些心理焦虑的产生同个体在生理上长期处于紧张和非平衡状态存在很大关联。因此，从增进心理健康的角度来说，建议大家重视并积极寻求感官愉悦带来的积极情绪体验。

当然，人的感官愉悦也存在相对性的问题。也就是说，不同的人可能具有不同的快乐阈限，面对同样的外界刺激会产生不同程度的感官愉悦，这是由个体的人格特征或心境状态所决定的。有的人总是“吃嘛嘛香”，有的人即使山珍海味摆在面前，也难以唤起他的愉悦感。

——看重心理享受

与感官愉悦相比，心理享受（psychological pleasure）属于一种更高水平的积极情绪体验，是指个体经过自身努力之后获得超越原有状态而获得愉快体验，比如历经困难和攻关，完成了一项具有相当难度的科研课题，发表了一篇有影响的研究论文，解决了一个存在已久的工作问题，或是上了一堂好课，帮助学生解决了心理或学业问题等。总之，这是一种与认可自身成就相伴随的积极情绪体验。

很显然，心理享受的动力作用都要比感官愉悦强很多，它能够形成对个体行为的正向强化，驱使个体更加努力地投入下一个工作或行为目标。这正是积极情绪体验的核心特征。同样重要的是，心理享受能够影响到人的心境，使人在相当长的一段时间内保持愉悦心情。这一点不像感官愉悦那样时过境迁，对于个体保持持续积极的心理状态具有很好的促进作用。因此，积极心理学更看重心理享受在积极情绪体验中的位置和作用。

心理享受的另一个重要特征就是伴随个体的成就状态。然而不同的人对成就的理解和界定标准是不同的，这一问题在教师人群中显得更为突出。近些年来关于教师工作成就感的研究表明，一些教师十分享受教书育人的这种利他过程，看着一届又一届的学生健康地走向社会，自己的辛劳和汗水换来了学生的成长或成才，内心感到无比的欣慰。这是一种更持久的心理享受，这种积极的情绪体验能够进一步激发教师的工作动力和热情。但也有相当一部分教师无法从重复性的知识传授活动中体验到职业的成就感和荣誉感，很难从教师工作本身获得足以驱动其工作行为的心理享受。这与个人的职业兴趣和价值观存在很大关联。仅从心理健康的角度来看，这些无法享受工作的教师承受了更大的心理压力，更应该寻求心理享受的积极体验。在这方面，可以通过以下对策主动寻求和感受心理享受。

1. 寻求对自己有价值和有意义的事情，这是获得心理享受的重要来源。对自己有价值和有意义的事情不一定来自自己所从事的职业，比如日益兴起的志愿者活动，能够很好地体现个人的生存价值，如果能将志愿活动与自身专业结合起来，则更能突出志愿活动的成就感。再比如跨专业或职业外兴趣和活动，数学教师可以对历史学科感兴趣并取得有价值的研究成果，也可以参加社区合唱团挖掘和表现自己的声乐能力，在歌声和表演中享受自己的内心愉悦。

2. 为自己设立挑战性的专业目标。如果很难从日常教学工作中获得心理上的满足，也可以在自己所从事的专业方向上进一步深造或研究，取得更高的专业和学术成就。由于工作性质和条件的关系，大部分教师在本科或研究生学习之后，基本放弃了专业方向的深入研究，似乎专业研究只是大学教师或科研院所的专利。实际上除了部分需要高精度设备的专业之外，大部分专业的学术研究并不依赖复杂的科研条件，加上现在互联网和信息化的高度发达，中小学教师完全有能力、有条件从事自己喜爱的专业研究。这是基于本专业获得心理享受的一条重要途径。

3. 提高对本职工作的价值认同。从本职工作中获得成就感是一种最直接的心理享受方式，尽管对很多教师来讲的确存在很大难度。我们可以回忆一下当初选择教师职业的情境，看看能否从中发现已经被你遗忘的兴奋和兴趣点。也可以留意一下那些用心享受工作的同事们，看看他们如何能从日复一日、年复一年的重复性脑力劳动中获得了属于自己的成就和满足。的确，积极地看待这一切并不是一件容易的事情，但是与其他职业人群及其职业特点相比，教师的确是一个能够给我们带来心理享受的职业，许多学校大门以外的人都对教师羡慕不已呢！

建议每一个老师都来认真思考一下上面的问题，积极设想和寻找属于自己的心理享受方式，因为这关乎到我们每一天的心情和心境，关乎到我们今后的身心健康。

——体验主观幸福感

主观幸福感（subjective well-being）是一种更为持久和稳定的积极情绪体验。在积极心理学中，主观幸福感被认为是个体积极体验的核心或最高境界，它是指个体主观上对自己生活状态的一种正面肯定的态度和感受。主观幸福感对于积极心理的最大贡献或价值就是它能使个体更多地体验到积极的情绪，更少地体验到消极的情绪，使个体长期保持一种平静愉悦的积极心境，以一种积极向上的态度和心理状态面对工作和生活。因此，主观幸福感对于个体身心健康的意义是巨大的，一个人的主观幸福感高，表明其心理的平衡和愉悦程度比较高，心理健康的水平也相应较高。反之，个体的主观幸福感越低，其心理的平衡和愉悦的程度越低，心理健康的水平也相应下降。

主观幸福感之所以成为积极情绪体验的核心，这是由于人的主观幸福感并不是针对某一项具体的工作或活动，它是对个体的整个生活状态的一种积极评价，并伴随着一种弥散的、泛化的积极体验。因此与感官愉悦和心理享受相比，它对个体工作和生活状态的影响更为持久、更加稳定。这是积极心理的最高境界，是我们每个人都应该积极追求并为之努力奋斗的目标状态。在这种状态下，个体能够体验到更多的感官愉悦和心理享受。

显然，主观幸福感是相对的，它依赖于个人的主观感受和情绪认同。我们每个人的主观幸福感程度都是根据自己对生活状态的评价结果得出的。因此，主观幸福感的获得，或者说要想获得更高水平的主观幸福感，主要依赖于我们对生活状态和生活质量的评价与认知。在积极心理学中，主观幸福感与生活满意度是出现频率最高的词汇之一，人们往往将生活满意度作为主观幸福感的一个重要评价指标。前面我们向大家提供了一个简单的《生活满意度量表》，可以在一定程度上测量出自己的生活质量和主观幸福状态。

鉴于主观幸福感的相对性和主观性，个体对生活的评价标准对于主观幸福感具有很大的影响。在这一点上，主观上的幸福或不幸与物质生活质量并没有直接的正向关系。除此之外，影响个体生活评价标准的因素是多方面的。

个人的价值取向、人格特征、人际关系、专业成就、生活经历、生活习惯、行为方式等，都会对主观幸福感产生影响。比如有研究表明，经常参加体育运动、与家人保持良好人际关系的退休教师，其生活满意度明显高于不经常参加体育运动、与家人人际关系不佳的教师[①]。除了良好的人际关系和健康的生活方式之外，个性宽容、随和，专业上小有成就，生活中充实而平淡，心理与身体的健康等，都有益于主观幸福感的提升。

因此，主观幸福感是要靠积极生活实践的点点滴滴来积累和铺垫的。要重视积累自己的积极情绪体验，注意构建积极的心理过程。个体对生活状态的总体评价离不开对各个生活事件的情绪体验和感受。满意地面对过去，愉快地面对现在，憧憬地面对将来，这些都是汇聚主观幸福感的重要源泉。

构建积极的心理过程

人的积极心理总是体现在思维和认知过程中，表现为积极地面对和解释自己所遇到的问题。在心理咨询与治疗理论中，认知学派中的合理情绪疗法就认为，个体对外界刺激的消极解释是导致负面情绪的主要症结所在。从积极心理学的视角来看，个体对事件的积极解释也是引发积极情绪、形成积极心理的重要来源。在积极心理学的研究中，构建积极的心理过程主要是围绕个体如何积极地面对过去、积极地面对现在和积极地面对将来这三个方面来展开的。

——积极地面向过去：遗忘

人力资源管理的面试技术中有一种经验模式，说的是依照个体的过去经历来判断其未来的岗位胜任力，这意味着一个人的过去在一定程度上决定了他的现在和将来。精神分析学派也坚持认为个体的童年经历可能是后来心理冲突和人格障碍的主要症结。但是这一切都不是必然的。并不是所有有着成

---

① 曾芊、曾轼. 广东高校退休教师生活满意度水平调查分析 [J]. 广州体育学院学报，2001 (12)：50.

功经历的人在相关的工作岗位中也同样会取得成功，有过消极童年经历的人到成年之后并不一定会引发心理障碍。在这个问题上，积极心理学非常强调个体的自主性，也就是主观能动性。过去的痛苦经历可能是一种心结，也可能是一笔宝贵的精神财富，关键是个体如何正确地理解和看待过去的消极经验。

学过普通心理学的教师可能还记得“选择性遗忘”这个词，它是指个体具有忘却痛苦回忆的倾向，说明对痛苦经历的遗忘可能是个体的一种有效防卫机制。除了这种被动的本能防卫之外，个体也具有主动、积极面对过去经验的能力。这就是满意地面对过去，主动遗忘那些不愉快的痛苦经历。

实际上，一个人过去的不愉快经历除了深埋在潜意识中，以潜移默化的方式影响人的现在之外，更多地是通过意识层面的回忆或再认来影响我们当前的心理状态。比如，中学期间与异性同学的交往挫折，会时常出现在我们的记忆中，日后再次出现相同的人际交往情境，这种不愉快的经历就会伴随着消极的情绪体验再次浮上心头。我们总是对过去的失败经历习惯性地心有余悸，正所谓“一朝被蛇咬，十年怕井绳”。这种对过去经历的消极体验在一定程度上成为我们解决和处理当前问题的绊脚石或拦路虎，也成为影响我们积极面对现在和未来的心理阴影。

因此，构建积极心理过程的第一条方略就是积极地面向过去，切断与过去失败经历的所有联系，消除妨碍积极心态的不良记忆。这就需要积极主动的选择性遗忘，但这并不是一件容易的事情。当总有过去不幸经历缠绕在记忆中的时候，我们总是劝慰自己：“过去的就让它过去吧！”如何让过去的事情真正地成为过去，以下一些遗忘方法可能会有助于消除过去不幸经历带来的消极体验。

——制造成功的经历来取代失败的经历。消除过去消极体验的最好办法就是对成功经验的积极强化。如果以往由于各种原因致使你没有成功地面对和解决工作或生活中的特定问题，建议你创造有利条件，准备充分，争取成功面对过去的相同情境。有了一次或多次成功的经历，积极体验就会化解和取代过去的消极体验。

——开拓新的经验来转移对过去经历的过度注意。新的工作和生活情境可以帮助我们忘却对过去经历的流连。在一个地方跌倒了，也可以换一个地方再爬起来。可以为自己多安排事情做，也可以主动接受一些新异刺激，促成兴奋和抑制的有效转换。

——与过去的不愉快经历作个了断。比如找过去与你关系不好的人再做一次深入的沟通，回溯到当年的痛苦情境再做一次彻底的心理宣泄。这些都有助于摆脱内心的消极痕迹，使你放下心中包袱，轻装前行。

——积极地面对现在：福乐

对于许多教师来讲，福乐（flow）是个较为陌生的词汇，但是我们对它的存在并不陌生。福乐是指个体全身心地投入到某项活动中时所表现出的心理状态：全神贯注，兴趣盎然，在不知不觉中时间过得很快，有时候到了废寝忘食、不离不弃的境界。比如，当我们读一本感兴趣的小说时，故事中的情节吸引着你，外界的其他刺激很难干扰你，即使在人声嘈杂的地方也不会干扰你的潜心阅读。再比如，当某次课程是你擅长并且喜爱的教学内容，学生在下面听得如醉如痴，你又特别在状态的时候，你会体验到一种身心与讲课融为一体的愉快状态。这些就是积极心理所倡导的福乐状态。

福乐是一种积极的心理体验，它给我们带来快乐、愉悦、满足和高效。福乐活动之后，也会伴随某种程度的感官愉悦和心理享受。但是福乐的积极意义主要是活动本身给我们带来的一种忘我的兴奋和享受，非常接近马斯洛提到的那种自我实现状态下的高峰体验。在福乐状态中，我们不但情绪高涨，兴奋异常，我们的意识也像流水一样延绵不断，思维奔逸。福乐的英文原词很好地描绘了这一意识流状态，因此有的文献也将福乐译作“心理流”。

积极心理学对福乐的研究表明，福乐状态的实现需要一些基本条件。首先是活动要有明确的目标。活动目标对于福乐过程的驱动作用确保个体全神贯注地投入到活动中。这种目标可能来自外界的评价或关注，也可能来自活动本身（如小说中人物和情节的吸引力），也可能是个体自己确定的行为目标。二是个体对活动的浓厚兴趣。个体不感兴趣的活动不大可能带来福乐体验。我们对许多不感兴趣的活动的投入和专注多是靠意志或毅力来维系的，虽然也能善始善终，但很少出现忘我的、愉快的情绪体验。三是任务难度要与个体的能力相匹配。也就是说，活动要有一定的难度，需要克服一定困难，遇到一些挑战。太过容易的活动不能唤起个体的足够投入和专注。活动也不能太难，不能超过个体的能力范围。个体通过发挥自己的能力和潜能，能够战胜困难，超越自我，才会激发活动过程中的快乐享受。四是活动要容易使个体高度集中注意力。注意集中是产生福乐体验的基本前提，个体只有全身心地投入到活动中，情绪和意识的高峰状态才能够出现。

福乐对于我们心理健康和生活状态的积极意义是显而易见的。它既是一种积极的情绪体验，能给我们带来无限的心理享受，也是一种对自我肯定的积极强化，能极大增强个体的自信心和自尊，非常有利于积极人格特质的培养。因此，寻求福乐活动，体验福乐状态，就成为塑造积极心理特征的有效途径。不过，在日常工作和生活中，我们真正体验到的福乐状态似乎并不多见。主要原因是满足福乐的基本条件在日常状态下很少有机会同时得到满足，而且我们也很少主动地寻求福乐状态。实际上，福乐离我们并不遥远，而是经常与我们擦肩而过。如果我们积极地面对当前的每一项任务和活动，经过简单的思考和设计，就能切身感受到福乐带给我们的愉悦和享受。比如你可以：

——选择一项具有一定挑战性的工作任务。如果你的个人能力完全可以应对日常的教学工作，可以选择一个本专业内自己感兴趣的研究方向或热点问题，每天坚持1-2小时的文献研习。当全神贯注于问题的思考和成果的创造时，你将体验到学术研究带来的福乐享受。

——选择一个运动项目，如游泳、球类或瑜伽。最好是具有一定运动技能基础，确定一个逐渐递增的运动目标（比如本周游500米，下周游600米……），目标的设立要量力而行，稍稍高出自己现有的能力范围，每次运动达到目标即可，无需恋战。当您全身心投入到完成目标的运动过程中时，您会感受到一种畅快淋漓的放松体验。

除此之外，一些类似福乐体验的活动也能给我们带来愉快的心理感受。比如在立交桥下跳秧歌舞的老年人们，他们大红大绿的鲜艳服装，旁若无人地舞动肢体。虽然他们的活动没有什么挑战性，注意力也不如福乐活动那样高度集中，但是舞蹈过程中感受到的积极情绪体验并不比福乐状态逊色多少。

福乐原理告诉我们一个简单的道理，对当前活动的积极投入，本身就是一种积极的心理享受。作为教师，我们应该注意利用学校环境中的有利条件，为自己寻找有意义的福乐活动。

——积极地面对将来：希望

许多心理健康异常病症（如抑郁症）的一个典型表现是对未来丧失信心。这种消极的情绪体验给个体的工作和生活带来了很大的负面影响。一个人如果丧失了对未来的希望和寄托，他的所有生活都会变得黯淡无光。当然，我们大多数人在没有为自己确立明确的操作性目标时，也能平淡无奇、按部就班地学习、工作和生活。但是你会发现，那些为自己下一个目标而战的人，总有一种信念和力量支撑着他。对希望目标的期待、追求、付出和实现，无论是过程之中还是之后，都能给个体带来积极的情绪体验。

积极心理学意义上的希望，是一种对未来结果的积极信念，即包含对某种活动目标的设想和憧憬，也包括对自己实现目标能力的认知和信任。也就是说，希望是行为目标和主观效能的一种结合体。如果仅仅是行为目标而不包含实现目标的可能性，那么希望就失去了它的积极意义。正是由于个体在希望中怀有对实现目标的信念和把握，希望才能为个体带来生活和工作的动力，这是希望具有的驱力作用。但是希望与心理学中的主观效能感又不完全相同，它还包括具体的行为指向和目标，有着明确的行为路径，这说明希望还具有很强的操作性，这是希望的导向作用。再有，希望给人以信心，能使人看到自己人生未来的轮廓和愿景。心中怀有希望的人总会体验到一种稳定感和欣慰感，没有希望的人总会感到一种茫然和消沉，因此与希望相伴随的是一种积极的情绪体验。希望的动力、导向和积极情绪体验都决定了希望的积极意义。

由此看来，希望对于塑造人的积极心理具有很好的操作价值。只要我们在自己力所能及的范围内合理地确定工作和生活目标，就能体验到希望给我们带来的积极体验。具体来讲，要想发挥希望的积极作用，确定个人目标时要达到目标与能力的匹配，使个体形成能够实现目标的坚定信念。如果这一并不复杂的要求在我们的工作和生活中都能得到满足，那么我们就能经常享受到希望给我们带来的愉快感觉。

首先，目标的难度要适当。目标不宜定得太高太难，不能成为长期负重的压力。只有个体认为目标有可能实现时，心里才能产生希望，否则就是毫无指望。比如让我们普通人参加奥运会比赛项目，这一目标就太高。这样的举例虽然有些夸张，但是在现实生活中，许多人为自己确立工作或事业发展目标时，经常会出现目标难度过高的情况，或者在不考虑个人能力和条件的前提下，确立与他人相同的目标。这就是为什么相同的工作目标（比如职称的评定）可能会为不同人带来不同的情绪体验，有的人是积极的希望，有的人是消极的压力。当然，目标也不宜定得太过容易，应具有一定的挑战性，否则希望的积极动力就会很短暂，愉快情绪的体验强度也很弱，这样也就失去了积极心理的应有作用和价值。

其次，目标的长度要适当。目标实现的时间不能太久远，也不能太近，最好是中程目标。当然，对于不同性质的活动，时间长度的感觉会有所不同。为自己的健身运动确立目标，1-2 个月的时间可能就算是中等长度了（比如在 2 个月内将自己的锻炼强度提高到一个新的水平）。而为自己的事业发展确立目标，2-3 年作为中程目标的实现长度可能比较恰当。适度时间的感觉来自于自己实现目标的能力和条件。

再有，目标的意义要明确。越是对自己意义重要的目标，希望带来的积极作用和积极情绪越强烈。这种意义的重要性有时候来自于社会评价，有时候来自于自我体验，有时二者兼而有之。比如为自己确立一个中长期、阶段性的职业发展目标——包括职称晋升和专业研究，既能获得来自外界的认可，也能体验到自身的价值。这样的目标对于自信和自尊的培养具有很好的强化作用，因而其积极意义会更大一些。

接下来要做的事情是，检查一下当前你有多少个工作和生活目标，每个目标的适宜程度如何，每个目标是否能给你带来希望和积极体验。如果目前还没有确切的目标，为了你的心理健康、愉快心情和职业发展，需要认真思考一下自己未来的工作和生活目标：比如什么时候“计划”生育？什么时候购置新的房产？什么时候完成职称晋升？好好计划一下吧。

培养积极的人格特征

我们在学习普通心理学和接受人格测验时，一般被告知人格没有好坏优劣之分。从不同人格特征都有其适应性的角度来看，人格的确很难分出优劣。比如一般认为外倾的性格更易于使人建立良好的人际关系，但并不适合需要深刻内心体验的职业，而孤僻的性格却恰恰相反。因此我们可以这样认为，不同的性格对于不同的工作和生活情境具有不同的适应性。不过，从心理健康和个人成长的角度来看，有些人格特质的积极作用更大一些，有的消极作用更强一些。这就有了所谓积极人格和消极人格之分。比如，在卡特尔提出的十六种人格特质因素中，稳定性、兴奋性、忧虑性和紧张性是与个体的心理健康密切相关的人格特质。对于个体的心理健康来讲，稳定性和兴奋性就是积极的人格特质，而忧虑性和紧张性就属于消极的人格特质。

什么是积极的人格特质？简单来讲，有助于增进个体积极体验和心理健康的人格特质就是积极的人格特质。首先，积极人格与积极的情绪体验紧密相连，能够给人带来愉快的心境和情感，比如乐观、宽容和幽默等。那些与消极情绪体验相伴随的人格特质不属于积极人格，比如自卑、自负和偏执等。其次，积极人格能够增进个体的心理健康。积极人格特质虽然在短时间内不能给个体带来感官愉悦或心理享受，但是从长远上看有利于个体的主观幸福和心理健康。最后，积极人格还需满足一定的技术标准，就是反向特质不能具有积极意义。比如紧张性虽然与心理健康密切相关，但是它的反向特质是放松性，具有明显的积极特征，因此紧张性不能算是积极人格。积极心理学认为，个体的健康发展主要应归因于他们投身于满意而高兴的活动，保持了乐观主义的心态，以积极的价值观作为自己的生活理念，在这当中积极人格特质为个体的健康发展提供了稳定的内在动力①。这正是积极人格的意义和价值所在。

---

① 任俊，叶浩生．积极人格：人格心理学研究的新取向［J］．华中师范大学学报（人文社会科学版），2007（7）：120-126.

在积极心理学的研究中，积极人格特质的范围十分宽泛。积极心理学家们在不同的场合曾提出过许多种积极的人格特质，其中包括乐观、幽默、热情、开放、正直、感恩、节制、爱学习、创新、自信、勇敢、坚定、宽容等。

鉴于积极人格对于积极体验和心理健康的重要作用，培养积极向上的人格特质对于教师的自我发展和职业责任都具有重要的实践意义。尽管人格的培养不是一朝一夕的事情，但是通过经常性地增进个人的积极心理体验，会帮助你在人格构成中逐渐增添乐观、积极的成分。

积极的心理体验主要包括积极的情绪体验和积极的心理过程。在一个人的成长经历中，如果有更多的积极心理体验伴随着他，他的人格结构中一定会包含更多的积极品质。在这方面，大多数人并不善于或不屑于主动寻求积极的心理体验，如感官愉悦和心理享受，积极的心理体验似乎只是个体追求事业成功的附属品。因此即使生活富足，衣食无忧，许多人还是感受不到一丝的幸福和快乐。

积极体验是积极人格的基础，具有积极人格的人不会拒绝积极的心理体验。要在日常工作和生活中不断积累自己的感官愉悦、心理享受和主观幸福。还要宽容地面对过去，积极地享受当下，同时对未来充满寄托和希望，这才是积极人格的完整体现。

本讲小结

保持心理健康不是一味地应对和防范问题出现。人类生来具有积极的品质和力量，只不过我们很少发现并加以利用。首先要让自己更多地体验积极情绪，重视感官给我们带来的放松和愉悦，同时创造条件获得精神上的享受与快乐。其次要积极地看待过去、现在和未来：忘却那些不愉快，沉浸于幸福的当下，心中埋下憧憬和希望。快乐积极地生活，就能逐渐养成积极的人格。做一个热情的人，乐观的人，宽容的人，坚定的人，你就是一个积极的人，心理甚至生理疾病就会远离你。积极的人不需要心理治疗。

第十二讲　帮助学生的艺术：心理健康辅导的基本方法

心理辅导是一种人际关系，在这种关系中，心理辅导员提供一定的心理氛围或条件，使来访者发生变化，作出选择，解决自己的问题，并且形成一个具有责任感的个体，从而成为一个对社会更有益的人。①

——帕特森

除了教书、授业、解惑之外，育人也是教师的重要职责。一个全面发展、心理健康的教师也应该是一位合格的心理辅导员，这才更符合“人类灵魂工程师”的美誉。尽管现在大部分学校都配备了专职或兼职的心理教师，但是应对学生的心理问题仅靠少数心理教师是远远不够的。而学生的心理问题对教师的工作和精神状态也会带来一定影响，解决好学生的心理对教师的心理健康也会有所贡献。因此，教师应该学习和掌握一些必备的、基础的心理辅导技术和方法。

将学校情境中的心理健康干预称为“心理健康辅导”比较恰当。心理健康辅导与学校设立的心理辅导员的称谓相统一，区别于临床意义的心理咨询或心理治疗，更能反映学生心理健康教育的性质和特点。但是心理健康辅导的理论和方法与心理咨询和治疗并没有大的区别，心理健康辅导就是针对心

---

① Patterson. *The Counselor in the School*：*Selected Readings* [M]. New York，1967：223.

理健康异常问题的心理咨询。从这个意义上讲，心理健康辅导与心理咨询是一回事。

这里介绍的心理健康辅导方法主要以面谈技巧为主，不仅适用于教师与来访学生面对面的个别互动，而且也适用于家庭访问、团体辅导、学生活动，甚至教学与管理活动等。当然，音乐治疗、心理测验甚至催眠也是心理辅导的重要手段。

建立心理辅导关系

心理辅导的最终目的是使学生的学习、生活及精神状态发生良性转变。为了实现这种转变，辅导教师就要致力于建立并发展融洽、和谐、可使来访学生信赖的辅导关系，因为来访学生只会对那些真诚、关心和体谅的态度与行为做出积极反应。因此，关注、尊重和接纳是促进辅导关系顺利发展的重要因素。

——认清来访学生的动机和态度

来访学生是否自愿接受辅导教师的帮助？心理辅导工作中经常会碰到这样的问题。咨询一开始，辅导教师就要尽早弄清来访学生对心理辅导的态度，那些主动前来寻求帮助的来访学生比较容易相处，因为他们已经下定决心，需要得到辅导教师的理解和帮助，至少承认自己存在一定问题，并且抱有改变自己的愿望。但即使是自愿前来接受辅导的学生，有时也可能以某种巧妙方式将自己的愿望与态度隐藏起来，使辅导教师难以直接了解他们的咨询动机。

在咨询过程中通常会遇到两种较为典型的来访学生：一类来访学生将辅导教师看作是能为其解决一切问题的救世主，把所有责任都推给辅导教师，以被动和消极的方式应付辅导教师的各种提问，多表现为沉默不语，不露声色。辅导教师一旦对这些情况有所察觉，就应以坦诚的态度指出来访学生要对自己的行为负责，真正解决问题的是来访学生本人，而不是辅导教师。同时要以热情和关注为来访学生做出榜样，这对来访学生的消极应对是个间接但却有力的回答。与此相反，另一类来访学生试图贬低辅导教师。他们往往对辅导教师（尤其是年轻辅导教师）的能力、经验和资格持怀疑态度。如果来访学生将此问题看得很重，辅导教师就要坦率承认并公开自己的心理辅导的经验和能力水平，然后尽快回到咨询过程中。有的辅导教师面对来访学生的这类质问和怀疑感到很被动，有的人还试图予以争辩或否认，但这些做法往往会使辅导教师的处境变得更为困难。最好是平静地告诉来访学生，资历问题并不重要，重要的是帮助他解决当前存在的问题。如果来访学生仍无法信任辅导教师或参与辅导过程，辅导教师可以为其介绍其他辅导教师或咨询机构。一般来讲，只要辅导教师态度坦诚，充满自信，来访学生大都会定下心来，将注意力从辅导教师转移到当前面临的问题上。有的来访学生提出上述问题只是投石问路，看看辅导教师能否真正帮助自己解决自身问题。

如果来访学生不是自愿前来的，情况就大不一样了。经验表明，对于这类来访学生的各种反应都应立即给予反馈，这样做十分有效。但是在此之前，辅导教师应该：

1. 弄清来访学生是由谁劝导或强迫而来的，是教师、同学、家长，还是其他什么人。

2. 向来访学生说明为他咨询的原因。例如可对某位学生说，你的学习成绩一直都在下降，你的老师和父母都很关心你，让我帮助解决你的困难和问题。

3. 告知来访学生，辅导教师能为其提供哪些帮助和服务。可对心理健康辅导的作用做简要介绍。

4. 强调来去自由。这是建立相互信任的基础，这种基础会使来访学生以后主动前来咨询。

5. 在必要时为来访学生指出能为其提供帮助的其他途径（其他咨询机构或其他辅导教师），鼓励来访学生做出新的尝试。

——第一次面谈与第一印象

辅导双方的第一次会面非常重要。辅导过程一开始，辅导教师与来访学生就立即进行相互评价，这种相互评价主要以相互观察和自我提问的方式出现。在此过程中辅导教师应设法观察和了解如下内容：

1. 来访学生的外貌

其外貌是否与他的问题有关？是否提供了身体健康方面的有关信息？来访学生的外表如何（服装是否整齐、个人卫生状况、精神面貌等）？

2. 来访学生的态度与表情

是否出现偏执、孤僻、消极、沮丧、悲伤、神经质、无可奈何？

3. 来访学生的行为举止

是静止不动，走来走去，还是坐立不安？他的手、脚、头的状态如何？他的动作和举止意味着什么？他是否有意用动作表达自己的情感？

4. 来访学生的身体姿势与位置

是挺胸还是弓身？是自然站立还是斜靠椅背？是坐在椅子中央还是靠边坐？姿势和位置意味着什么？

5. 周围环境

辅导情境是否安全？室内布置是否使人感到温暖和放松？座椅是否舒适？位置是否得体？

6. 相对距离与相对位置

来访学生距离辅导教师不能太近，也不能太远，最好坐在辅导教师的侧面。太近或正面易使来访学生感到不安，太远或平行而坐会使他感到无助。双方较为舒适的相对位置应是侧面而坐，相距1-2米左右。

7. 目光接触

来访学生是直视辅导教师，还是有意回避目光接触，不敢正视？其眼神有无异常？

一般来讲，在来访学生讲话时，辅导教师应注视来访学生的双眼或眉间，用眼神来表明对来访学生所谈问题的关注及对其本人的接纳。目光逼人、心不在焉或有意回避，这些都会引起来访学生的反感和不安。

如前所述，辅导过程是在一种互动关系中进行的。来访学生与辅导教师一样，也在观察对方的表现和反应。心理健康辅导成败的关键，在某种程度上取决于来访学生对辅导教师态度与行为的感知和理解。来访学生通常会注意到辅导教师的眼神、面部表情、身体姿态、行为举止、穿着打扮、谈话内容及语音语调等，并对此做出相应的反应。此外，做出反应的时间、谈话的断续、语调抑扬、句子长短等因素也是引起辅导双方注意的重要方面。

辅导教师要善于利用这种相互观察，为下面的辅导进程打下良好基础，要在目光接触、言语表达、身体姿态、行为举止、迎接方式等方面格外注意自己的表现，做到自然大方、恰到好处。

虽然是侧身而坐，但是辅导教师应面对来访学生，神情放松，自然洒脱。双方的距离要适当，以来访学生不觉得反感为标准。辅导教师的双手应保持相对稳定，面部表情要温和，充满爱意。若辅导教师无精打采，皱眉不快，手里摆弄着什么东西，或是走来走去，坐立不安，那么来访学生不但容易分散注意，而且会心生反感，不会对辅导教师讲出自己的心里话。

最后，迎接方式也十分重要。许多辅导教师往往不重视第一次会面中的第一印象，似乎只有坐下来谈话才是心理辅导的正文。其实若没有一个良好的开篇，正文也是难以为继的。辅导教师应以一种热情、庄重和自然的态度欢迎来访学生的到来，衣着要整洁，目光要专注，一般应起身迎接，并致以问候或表示欢迎。

在开始阶段，让来访学生自由谈话是相当重要的。不要任意打断他的讲话，更不要诱导或强迫他说出不愿说的话。辅导教师柔和的语调、简洁的语言和适度的音量会使谈话更为有效。辅导教师切忌讲话太多，否则会使那些认为自己观点不重要的来访学生丧失自信，那些本来很自卑的学生失去对话的勇气。如果辅导教师能自然地延缓自己的谈话和反应，来访学生就会有更多的机会说明和解释自己的问题，辅导教师的简短回答也会鼓励学生讲出更多的内容。少插话、少打断，同样具有这种作用。经过上述努力之后，来访学生就会认为，他已为辅导教师所接纳，接下来他就可以放开畅谈了。

展开心理辅导进程

辅导关系基本确立之后就开始进入心理辅导的正式程序。在辅导进程的初始阶段，建立一种融洽、和谐、相互信任的辅导关系依旧是心理辅导的主要目标，也是解决学生心理问题的基础和前提。从一定程度上讲，心理辅导进程的展开与辅导关系的维系和深化密切相关。下面介绍的这些辅导技术与方法对于形成和发展良性的辅导关系十分有益，有的甚至是必不可少的。

方法一：自然请谈

吸引来访学生讲话，在某种程度上可由辅导教师的态度、姿势、举止和讲话方式来决定。如果让来访学生随便说些什么，而不急于提出问题或回答问题时，来访学生反而有可能率先提出自己的问题。

将来访学生迎到室内，问候，落座后可以简单致辞，或说一两句话，表明辅导教师欢迎其的到来并愿意提供力所能及的帮助。例如，辅导教师可以问：

- “我能帮你什么忙吗?”
- “能告诉我你遇到什么麻烦吗?”
- “听你的班主任讲，你最近……”
- “你在想什么，能不能跟我说说，看看我能给你帮什么忙。”

辅导教师应使用温和、平缓的语调，轻松自然地请来访学生谈话，避免使用固定不变的开场白或华而不实的幽默话。可以谈谈天气或交通情况，但不要涉及太多。辅导教师要尽量少用或不用“有什么痛苦”、“有什么烦恼”、“有什么病”之类的话发问，除非对方已事先用过这些词。面对辅导教师接纳、诚恳的态度，多数来访学生都会情不自禁，将自己的问题和想法慢慢道来。当然，也有一些保持沉默、不情愿介入的来访学生，吸引这些人讲话的技术将在后面另做介绍。

方法二：问题分类

有的来访学生一时激情迸发，在很长一段时间内，滔滔不绝地向辅导教师倾诉许多有关和无关的问题。此时，辅导教师要简单罗列来访学生所提出的各种问题，然后请他选出一种应该首先处理的、当前最为关心的问题。例如：

来访学生：“功课太难学，好多东西都要背下来，我最讨厌记东西。英语老师总爱挑我的毛病。爸爸和妈妈整天埋怨我不写作业、贪玩。我的两个最要好的朋友最近也开始疏远我了。这么多烦人的事，我真不知道如何是好!”

辅导教师：“你好像提到这么几件事：功课不好学，你不愿花时间记东西；英语老师对你有偏见；父母对作业问题很关心；还有两个朋友的问题。你要首先跟我谈哪件事呢？”

方法三：留有余地

向来访学生提出问题要留有回答的余地，也就是说，要提开放式问题，不要提或少提封闭式问题。这样做可使来访学生继续他的谈话，让他对刚才的话题做更详细的说明，以此获得更多的信息。

留有余地的提问在谈话的初始阶段尤为重要。开放式问题经常用的词有“什么”、“何时”、“怎样”、“哪里”、“为什么”等等。开放式问题为辅导教师提供了值得追踪的线索或悬念，因此可使谈话继续下去。这种提问方式也向来访学生表明，他可以想到哪说到哪，自由倾诉自己的问题。例如：

辅导教师：“你母亲究竟出了什么事情，让你这么心神不安？”

“为什么今年不想考大学？”

“你觉得如何才能摆脱这些麻烦事呢？”

与此相反，封闭式提问是让对方做出“是”或“不是”、“有”或“没有”等一两个字的回答。这样就会使谈话中断，所获得的信息量也十分有限，而且许多封闭式问题听起来就像在质问对方，来访学生会心生反感和不安。例如：

辅导教师：“你真的不想参加高考吗？”

“你有钱旅游吗？”

“你是不是该回家了？”

当然，封闭式问题也并非绝对不能用。在辅导过程的开始阶段，要尽量使用开放式提问，少用或不用封闭式提问。当建立并形成一种良好的辅导关系之后，也可适当问一些封闭式问题，但问题要有针对性，前后问题要连贯。

方法四：话题跟随

所谓话题跟随指的是辅导教师将谈话集中在当前话题上，不在其他方面另起话题。例如：

- “是这样。”
- “我明白。”
- “请说下去。”

一般是在来访学生说话出现停顿时使用话题跟随。辅导教师以一种热情、坦诚的姿态，用简单几个字，自然而然地促使来访学生继续刚才的话题。说话时神情要专注，语句要简练。这时来访学生会感到，辅导教师正在认真倾听他的谈话，他会不由自主地接着当前的话题继续谈下去。

方法五：细微激励

鼓励来访学生讲话和思考的方式有很多，细微激励指的是，用点头、简单发声、个别字词、身体姿态或其他小动作表明来访学生正处于辅导教师的关注之中。细微激励并不意味着来访学生控制或决定谈话的方向，只是鼓励来访学生沿着当前的思路，继续刚才的谈话。其实激励本身就是辅导教师在引导和控制谈话进程。另外，应注意在双方接触的初始阶段，在对话的自然过程中使用细微激励。例如：

“嗯”、“啊”、“是吗”、“你母亲？”等等。

细微激励对于延续来访学生的谈话很有帮助。辅导教师讲话过多可能会阻碍来访学生的参与和投入。对方会想：“这不属于我的谈话，辅导教师只想说他自己的。”如果是这样的话，辅导教师很可能要自言自语了，因为他无法得到来访学生的反应，因为来访学生没有机会做出反应。

方法六：主动倾听

在辅导谈话中，听是最为重要的。辅导教师要在大多数时间内保持沉默，利用自己的感官收集全部信息。辅导教师不仅要用耳朵倾听对方的谈话内容，注意所用的词语和声调、语气，而且还要用心去体会其中的内涵和喻义，用眼去观察对方的面部表情、身体姿态和行为举止。同时辅导教师也在倾听自己，他要留意自己做出的各种反应，让自己全神贯注地投入谈话过程。

主动、细致地倾听是进行谈话的前提和基础，在辅导的初始阶段尤为如此。辅导教师应扮演一个少言寡语的角色，靠自己的存在，靠自己对来访学生的全神贯注向对方表明：辅导教师不仅听到，而且理解并接受了来访学生对他所说的一切。

方法七：自言自语

有时来访学生在谈话中偶尔提到某件事情，辅导教师觉得有必要转移一下话题。但是话题的转移不能让来访学生感到生硬或迷惑不解，因此最好采用自言自语的迂回战术。例如，在就业指导咨询中，来访学生对外贸工作很感兴趣，因为这种工作工资高，又时髦，年轻人大多向往这类职业。但是辅导教师发现来访学生并不太适合做与人打交道的工作，于是想让对方尝试一下他所适合的会计工作。为了不使这种话题转移显得过于唐突，同时也为了避免替来访学生做决策的嫌疑，辅导教师可以自言自语道：

“外贸工作是很吸引人，但竞争一定很激烈。其实会计这份工作也蛮不错的。你的数学很好，办事也挺有章法，这种职业也可能比较适合你。”

这样，话题就自然而然地转到会计工作上了。

方法八：直来直去

所谓直来直去是指在特定时刻使用直截了当的语言澄清来访学生的谈话内容，挑明对方的真实情感。如有必要，还应提出一些建设性意见。这种谈话方式通常涉及来访学生的情感问题，对那些不习惯坦诚交往的来访学生可能会构成一定威胁，因此要试探性地使用这一技术，同时要以一种个人看法的方式表达自己的直言快语。例如辅导教师可以说：

- “我觉得你在生我的气。”
- “我觉得你并不情愿到这里来。”
- “这才是你的真实想法，难道不是吗？”

说话时要注意语气，不要太生硬，面部表情不宜太严肃，要平和自然，多少有些热情和笑容。同时注意不要冷嘲热讽，故弄玄虚。

方法九：利用沉默

许多辅导教师（尤其是年轻、没有经验的辅导教师）总是担心在谈话中出现中断和沉默。其实，如果利用好的话，沉默同讲话一样，也具有揭示和澄清问题的作用。对沉默的接纳表明，来访学生有权决定谈话的内容和方向。沉默还使辅导双方有一定思考的时间，使双方增进相互信任，最终激励来访学生将自己的所有问题都和盘托出。

为了有效地利用沉默，辅导教师首先要承认它的价值，对于沉默的延续不要焦躁，但对沉默的时间长短要反应敏感。如有可能，最好由来访学生首先打破沉默。但是如果来访学生是在利用沉默来表示自己的不满和不合作，那么这时应由辅导教师打破这种不利的沉默局面。同时也可以告知来访学生，他随时都有退出的自由，也有保持沉默的自由。

沉默本身并不可怕，可怕的是辅导教师不知道为什么会出现沉默，或者一沉默就不知所措，乱了阵脚。如果沉默时间过长，可采用目光接触、自言自语等技术打破僵持局面，使谈话继续下去。

方法十：消除抵触

辅导教师有时会碰到强迫型或抵制型的来访学生。面对这类来访学生，辅导教师一要沉着镇静，告诉来访学生他可以拒绝接受辅导，来去自由，然后再设法迂回；二要反应敏捷，不带任何偏见，争取与之直接交锋。事实上，许多来访学生之所以出现抵触情绪，一方面是对心理辅导的作用和意义不了解，另一方面是为了寻求辅导教师的真诚帮助和安全保障，作为一种防御机制，以此种特有的方式建立双边关系。在与此类来访学生打交道时，要给他们一定时间感受温暖，发展信任，暂时不对他们的动机、需求、行为和语气多做判断，把辅导的重点放在建立良好的辅导关系上。

识别和解决学生的心理问题

心理辅导进程展开之后，接下来的任务就是维持并发展业已建立起来的双边关系，帮助来访学生揭示、弄清并明确其自身存在的问题，以此来深化辅导进程。在此阶段使用的辅导技术应使来访学生扩展和加深对其自我及存在问题的认识和了解，这当中主要用到两种心理辅导方法，即反应和引导。

辅导教师做出有效反应的能力取决于他能否抓住并利用来访学生提供的各种显性和隐性线索，是否能使来访学生的思路更加清晰、想法更为合理、理解更为准确。引导方法的应用在于激励来访学生产生新的思想和感受，领悟合理的观念及情感。反应方法和引导方法的主要区别在于辅导教师扮演的角色不同。在前者，辅导教师处于被动地位，确定谈话内容、范围和方向的是来访学生而不是辅导教师；在后者，辅导教师处于积极主动的地位，引导或指引来访学生将其注意力集中到辅导教师认为是重要的方向上来。使用引导方法时，辅导教师可能要冒一定风险，因为这样做有可能使来访学生感到迷惑不解，从而疏远辅导教师或中断辅导关系。因此，使用引导方法时要以相互信赖和相互尊重为前提，同时要以试探性方式提出各种引导指令，这样可使来访学生有机会予以反驳或纠正。

——反应的方法

反应方法强调，主宰谈话进程的是来访学生而不是辅导教师。这表明辅导教师对来访学生的谈话很感兴趣，希望彻底了解他的所思所想。有的辅导教师认为使用反应方法会给人留下这样一种印象，似乎辅导教师光“听”不“练”，不知自己应该做些什么。事实上，在辅导教师真正弄清来访学生的实际想法、情感和问题之前，使用各种反应方法是十分必要而且是极为有益的。在日常生活中，亲切与接纳反应常常受到那些经历各种困惑、烦恼和孤独的人们的欢迎和感激，在辅导过程中反应方法也极具功效。初出茅庐的辅导教师不必担心过分使用反应方法会带来什么不良后果。

方法一：情感识别

辅导教师要想帮助对方说出自己的内心想法或难言之隐，就要首先具备对其情感及情绪做出准确领悟、理解及反应的能力。辅导教师的感知对象不应只局限于对方的语言内容，在一般情况下，来访学生的讲话方式比语句本身更有意义。

准确识别来访学生的情感并做出相应反应，这是一种十分重要和有效的辅导技术，因为这比其他大多数辅导行为更能表达辅导教师对来访学生的接纳与关切。在日常的社会交往中，人们常常伪装和掩饰自己的真实情感，一旦有人准确识别并理解了这种情感，就会对当事人产生深刻影响。无论这种情感是什么，一旦得到了别人的理解和尊重，通常人们都会对理解自己的人作出积极反应，我们看一看下面的例子：

来访学生：“我真受够了，她为什么老是那样对待我!”

辅导教师 A：“可能你也有一定责任吧?”

辅导教师 B：“看来你真的很生气。”

注意这两种反应的区别：辅导教师 A 只是对来访学生的谈话内容做出评论和推断；辅导教师 B 是对来访学生的情感状态予以理解和认可。我们可以回想一下平时遇到的类似情况，当别人接受你的谈话时，什么东西对你影响最深，是谈话内容？情感体验？还是二者兼而有之？

在辅导情境中，情感识别首先要识别来访学生正在传递的情感内容。辅导教师不要只注重对其谈话内容的理解，而对情绪表现却视而不见。必要时，辅导教师可以提出一些问题，直接弄清来访学生的真实情感。例如：

- “你现在感觉如何？”
- “对此你有何感受？”
- “你是不是有些不高兴？”

方法二：情感表露

辅导教师能否成功地处理辅导过程中的情感问题，主要取决于他是否能清楚地认识自我的情感并以对来访学生有益的方式表露这些情感。有效地表露自己的情感，可为来访学生做出榜样和示范，从情绪上感染对方，并能增进彼此的信任和真诚的气氛。另外，情感的公开表露也可缓解紧张的辅导关系，同时向来访学生表明，不必压抑自己的情感。一旦辅导教师意识到了自身的情感体验，紧接着就应该加以明确：这是与来访学生相互作用的结果，还是出于自己的个人经历，然后将这种情感以直接或间接的方式表露出来并加以利用。例如：

辅导教师A：“你这样说我很高兴，看来我对你还有些帮助。”

辅导教师B：“我也不愿意提这些事，不过既来之则安之吧，你接着说。”

辅导教师C：“咱们坐得太近了，我感到有点不舒服。我向后面稍挪一点好吗？你别介意，我有些神经过敏。”（笑着说）

这几种反应都有一个共同的特点，就是从不掩饰自己的情感，无论是积极的、消极的，还是中性的，目的都在于增进双方的坦诚，缓解紧张气氛，促进双方的坦率沟通。

辅导教师要不断了解自己的情感体验和产生这些情感的原因。此外还要不断鼓励来访学生表露和揭示其自身的情感体验。如果某些情感难以言表，便有可能破坏双方关系并抑制来访学生理智地思考和解决问题。通常只要认识到并表达出某种情感，就可以减轻它、缓解它，甚至控制它，或是转移人们对它的过分注意。

方法三：情感反应

有效地利用反应方法可向来访学生表明：辅导教师正在试图理解他所说的话，辅导教师正确理解了他的情感，辅导教师完全接纳和尊重他的所思所想。在辅导过程中，辅导教师不但要反应对方的谈话内容，而且还要反应对方的情感体验。前者是将来访学生所讲内容的核心意思进行提炼并加以复述和解释；后者是反应来访学生内在的或未予言表的实际感受。

情感反应可用来帮助来访学生朝着完善自我意识的方向迈进。在辅导过程中的任何阶段都可使用这种反应方法。例如：

来访学生："我想我不行，还会失败。这样的事我以前从没做过，现在我还是无法做到。"

辅导教师："你过去的经历表明，失败似乎是不可避免的。"（内容反应）

"甚至试一试，你都感到害怕。"（情感反应）

这两种反应表明，辅导教师理解了来访学生的态度和情感。在某种程度上，后者比前者更重要。情感反应表明，辅导教师不但了解了他要表达的意思，而且还看透了他内心的感受。

方法四：准确理解

在辅导过程中，正确理解来访学生的讲话内容并将其传达给对方是十分必要的。理解所涉及的不仅是来访学生所说的话，还包括其传递的某些非语言信息。但不要过多解释你的理解，也不要随意想象来访学生存在的问题。

准确理解的前提是有效倾听，有效倾听是可以训练的。在倾听过程中，辅导教师要注意下面几个问题：

1. 意识到自己对来访学生的态度和情感，这些感受对辅导关系会产生什么影响？会不会影响你对来访学生谈话内容的准确理解？

2. 既要注意对方所讲的内容，更要注意其中所隐含或暗示的态度与情感。

3. 集中注意对方正在努力向你说明的内容以及其中所表明的情感。不要过分留意自己要说什么话，做何种反应，也不要在倾听过程中过多考虑如何解决当前的混乱局面。现在的任务就是倾听和理解。

4. 认真倾听不仅涉及直接理解，而且还包括澄清暧昧。在没有完全理解对方的意思时，要毫不犹豫地表示出来，不要蒙混过关。另外，不要随意想象来访学生存在的问题。即使对方的回答已经似乎很明确了，你也不妨追问一句，以证实自己的理解是否准确无误。

由此可见，理解技术还要用到知觉检查，也就是辅导教师请教来访学生，询问自己听到的和理解的是否准确。知觉检查的作用在于向对方表明辅导教师的专注、关心和坦诚，同时有助于加深对来访学生及其问题的了解，澄清模糊认识，推动辅导进程。下面列出的是表明辅导教师理解对方谈话的常用反应语句：

- “你的意思是……”
- “你似乎认为……”
- “你觉得……”
- “照你看来……”
- “我这样理解对吗?”
- “如果我理解错了，请给我指出来……”
- “……这是你的看法吗?”

——引导的方法

引导性反应可以改变辅导关系的侧重点。引导方法使辅导教师对双方的讨论承担更多的责任。但值得注意的是，只有在完全了解了来访学生的情况和需要，建立起良好的辅导关系时，才能使用引导方法。在此之前，辅导教师还需明确在什么时候使用引导最为恰当，应用哪一种引导方法最为合适。

大多数辅导教师对于下面介绍的许多引导方法都不会感到陌生，因为在日常交往和工作情境中（尤其在教学活动中），经常出现各种各样的引导行为。在辅导中有可能存在滥用引导方法的倾向，或是在难度比较大的辅导中过分依靠引导行为。对于那些不情愿接受辅导或对辅导持消极态度的来访学生来说，过早或过多使用引导性反应会使其感到不快和反感，从而增加对辅导的抵制。因此，引导方法虽然应用广泛，但用得恰到好处是非常困难的。

方法一：提供信息

在许多辅导情境中，向来访学生传递他所需要的情况与信息就是最为有效的辅导技术，在知识性或指导性心理辅导中尤为如此。如果来访学生想知道与其自身问题直接有关的真实情况，辅导教师就应该及时、清楚、简单地告知对方。

有些年轻的辅导教师知道在传递信息时需要格外谨慎，因此有时不愿意正面回答某些问题。他们总是觉得应该在明确了来访学生的真实情况并具有绝对把握时，才能直接回答对方提出的问题。于是他们对来访学生的提问总是躲躲闪闪，含糊其辞，而且总想探查对方谈话内容之外的某些东西。事实上，这种做法不但不能帮助来访学生解决当前问题，反而会使对方产生反感或感到困惑，从而减少对辅导教师的信任和尊敬。

辅导教师遇到的另一种困难是，来访学生向其询问一些难以正面回答的个人问题。同样，在大多数情形中，直截了当的回答是最为有效的应对手段。犹豫不决、闪烁其词或含糊暧昧都会使来访学生产生困惑和疑虑。下面是提供信息和正面回答的一些例子：

- 来访学生："我的班主任跟您谈过我的事吗？"
  辅导教师："没有，不过你可以亲自跟我谈谈。"
- 来访学生："你认为我应该做什么呢？"
  辅导教师："对不起，我真的不知道。我想通过我们的谈话，你自己会得出结论的。"
- 来访学生："您结婚了吗？"
  辅导教师："嗯，结婚了。"

在第一例中，辅导教师对来访学生的问题做出简单的否定回答，并请对方说出他心里存在的问题。也可以换一种方式回答："没有，你的班主任想跟我谈你的什么事呢？"这样更直截了当，将来访学生逼到了非说不可的境地。虽然对其构成了一定威胁，但有时仍是必要和有效的。在直接回答对方的提问之后，最好能马上请对方继续刚才的话题。在第二例中，辅导教师回避为来访学生做出决策，然后鼓励他积极投入到辅导中去。在第三例中，辅导教师只是简单作答，没有任何解释，然后等待来访学生出现下一个反应。

方法二：给予劝导

我们认为，给予劝导应该越少越好，而且只有在来访学生需要的时候才能提供劝导。这是一种极容易误用的辅导技术，但是用好了可以起到事半功倍的作用。对于不具备很强独立思考能力的来访学生（如儿童、伴有情绪困扰的学生等）实行劝导既是必要的，也是可行的，因为在这类辅导情境中辅导教师处于专家地位。无论在何种情况下，辅导教师都切忌摆出一副专家架势，一而再，再而三地给对方以劝告或指导。在有必要劝导时，也要尽量以来访学生提供的情况为基础，尽可能引用他说过的话，这样一可避免来访学生对辅导教师形成依赖，有利于锻炼其自我决策和独立生活的能力（此为辅导的目标）；二可使他容易接受辅导教师为其提供的特定选择，并会得出这样的结论：最终选择是双方共同努力的结果，而不是辅导教师主观臆断并强加给自己的。除此之外，辅导教师还应向来访学生说明原因，指出为什么他觉得这种选择对来访学生来说要比其他选择更好一些。

有时，辅导教师可以利用劝导技术帮助来访学生做出决策。尤其是对所有相关问题都已充分讨论过之后，来访学生仍旧犹豫不决，此时利用劝导来促使对方做出决策就十分必要了。另外，在许多情况中，当辅导教师为来访学生提出一种行为方向时，来访学生的个人偏好在决策中起着十分重要的作用，对来访学生的自我陈述、内在需要及个人偏好等要充分加以利用。请看下面的例子：

来访学生："可是到头来，我还是确定不了是选哪个专业，生物学？还是心理学？"

辅导教师："那么，为什么不试试心理学呢？你的数学成绩不错，又乐于与人打交道，你也说过希望探索新的领域，而且你对我的工作又很感兴趣。心理学的确不错，你觉得呢？"

方法三：正面提问

所谓正面提问就是集中讨论某一特定问题，澄清辅导教师认为值得深入探讨的问题。对这种技术也要有节制地使用，要使来访学生有充分的时间和机会，以自己的步调和方式考虑自身的问题。正面提出问题应该是留有余地的、开放性的，不要提那些封闭性的问题。这样可使来访学生有更多的反应自由，同时也使辅导教师得以摆脱当面质问来访学生的嫌疑。请看下面的例子：

来访学生："妈妈是天底下最好的母亲，我们在一起生活得很好。她很理解我。另外，爸爸也不错。”

辅导教师：“你对你爸爸的看法似乎还不太明确，你们之间相处得怎样?”（开放性的提问）

“难道你不喜欢你爸爸吗?”（封闭式提问）

方法四：影响与说服

辅导教师影响和说服来访学生是为了改变对方的观念、态度和行为。同样，辅导教师不能过早或过多使用这种技术。在尚未完全明晰来访学生的背景和问题之前，一切说服对方的努力都是徒劳无功的，有时还会适得其反。因此，辅导教师千万不要过分自信，以为自己的选择就应是来访学生的选择，这样会使对方产生反感。像劝导技术一样，影响与说服也主要适用于对儿童的辅导活动。在这类辅导中，辅导教师担负着更大的责任。请看下面的例子（注意辅导教师的态度和语气）：

来访学生：“这些都没用，在那种情况中我是无法心情舒畅的。”

辅导教师：“我相信你能行。如果按照我们刚才所说的那种方式进行，你一定会发现新的体验。你为什么不试一试呢?”

方法五：支持与鼓励

影响与说服的一种委婉形式是给予支持和鼓励。这种技术的合理应用会使来访学生树立信心，增强勇气。许多支持与鼓励的态度可以通过非语言方式传达给对方，比如目光接触、面部表情和身体姿态等。在利用语言方式来表现支持与鼓励时，辅导教师首先要肯定来访学生的整体表现，不要仅仅局限在判断某些特定的信念、态度和行为上。如果辅导教师的反应仅仅表明支持和鼓励对方的特定方面，那么对来访学生来说，什么是好，什么是坏，何为正确，哪是错误，辅导教师难免会以偏概全，以点代面。请看下面的例子：

来访学生：“的确，我一直难下决定。不过我想，最终是会有结果的。”

辅导教师 A：“说得好，这是我一直想听到的。”

辅导教师 B：“现在看来你比以前振作多了，我知道你会这么做的。”

在 A 反应中，辅导教师只是对来访学生所讲的话给予赞赏和鼓励，其激励作用十分有限。B 反应则鼓励来访学生的整体表现（包括他现在的态度与情感），增强了来访学生克服困难、解决问题的信心和勇气。

方法六：引用个人经历

有时，听到辅导教师讲述其所经历的类似情况，来访学生会产生某种安慰感和支持感。但是使用个人案例时要格外慎重。经验表明，个人案例的使用容易使谈话焦点远离来访学生本人，会减弱他的危机感和情感体验，而来访学生本人的情感体验在辅导关系中是最为重要并起决定作用的。我们可以设想一下，你正在谈论某件事情，它对你十分重要，而这时其他人却开始谈论他们的一段类似经历，此时你会有何感受呢？

正确而有效的做法是，辅导教师适时地、简短地引用一段个人案例，然后将谈话的焦点迅速转回到来访学生的问题上。请看下面的例子：

来访学生："我总是不敢站在全班同学面前讲话。我总是很紧张，忘了自己应该说什么。"

辅导教师："你说的不错，对此我也有同感。实习的时候我紧张得要命，几乎使我当不成教师了。但是我相信，只要我们通力合作，做些必要的努力和尝试，你就一定能够克服当前的恐惧感。"

方法七：释义

释义是指辅导教师对某种情况或某个问题做出说明和解释。在辅导过程中使用释义技术能够帮助来访学生了解所遇事件的意义。释义的通常做法是，向来访学生提出一些对其问题的不同看法，并交给来访学生做出评判。这种释义过程主要依赖于辅导教师的个人经验和敏锐的洞察力。辅导教师应该记住，释义只是对某一事件做出的一种解释，来访学生可能有不同的看法。所以辅导教师应慎重提出自己的看法，要使来访学生有充分的机会补充或修正辅导教师的释义。此外，说话语气要平和，用词要准确，不宜夸张，也不要对问题视而不见。释义要以来访学生以前的谈话内容为基础，不要掺杂任何个人偏见。请看下面的例子：

辅导教师："按照你所谈到的，好像你对这个问题极为不安。也许你对他们的过激行为是为了掩盖自己所蒙受的屈辱。你觉得这样说对吗？"

和其他辅导技术一样，释义也有其消极的方面。不恰当地使用释义会使其成为强调辅导教师主导地位的一种手段，而且有些来访学生往往将辅导教师的理解和解释看成是绝对正确、天经地义的，由此不再去努力修正、辩解或者改变什么，不管对错全盘接受，完全将自身的情感体验搁置一旁。辅导教师一定要注意，提供解释是必要的，有时也是十分有效的，但不能将其作为最终的、唯一的解释。在不断加深对来访学生的了解的基础上，新的解释可能更为准确，更加全面，更能恰到好处。释义只是辅导的手段之一，而不是全部。

方法八：当面质问

当面质问技术旨在坦诚而直接地向来访学生表明，他对其自身问题的解释不同于辅导教师对此问题的看法。当面质问一般是由辅导教师发起的，它是辅导教师自我观点的一种表达，而不仅仅是建立在来访学生陈述基础上的某种领悟或解释，此点不同于前面介绍的释义技术。

当面质问技术可以处理如下问题：来访学生在一定程度上拒绝承认有关的真实情况；来访学生提供错误信息或所供信息不足；来访学生不情愿将决策诉诸行动或拒绝尝试新的观点与行为。

向来访学生当面质问时，辅导教师要将提问的焦点集中在来访学生当前的情感和行为上，不要纠缠和强调他过去的谈话内容或所做所为。为了有效使用这一技术，辅导教师必须首先做到以下几点：

1. 意识到自己当前的情感体验；
2. 清晰而简练地表达这些体验；
3. 坦诚地告诉来访学生，自己对其行为和态度的不同意见及原因；
4. 允许来访学生予以辩解或反驳，使其有机会做出反应。

当面质问也存在一定的风险，有可能使某些来访学生感到不安或产生抵触。但是如果运用得当，就可极大地促进辅导关系的深入发展，克服辅导中遇到的困难和障碍。如果双方的辅导关系已经相当成熟了，那么当面质问的风险就会相对小一些。事实上，来访学生往往将当面质问看作是对他的一种有益的挑战，在和谐、融洽的辅导气氛中，他是不会向这种挑战低头的。

请看下面的例子：

辅导教师："你一直都在说，你要准时起床，准时上学，可是你总也做不到这一点。"

辅导教师："你刚才说事情好办多了，但在此之前你已经出过两次错了。

你怎能保证不出现第三次错误呢?”

方法九：澄清问题

到此为止，整个辅导进程正朝着发展相互信赖的辅导关系和维持坦诚的相互沟通的方向迈进。辅导的最终目的是帮助来访学生解决问题，因此，在奠定良好的辅导关系基础上，准确辨明问题的症结所在并找到克服这些障碍的有效方法是解决问题的关键一步。下面列出的是澄清来访学生问题的几个典型步骤：

1. 为了辨明其问题所在，首先要将一般问题转化为特殊问题——即那些与来访学生行为密切相关的问题。辅导教师的任务有：

(1) 澄清一般性词语的意义。

“请告诉我，你的意思是……”

(2) 来访学生对其境遇做出具体描述，或者举例说明。

“请告诉我，具体情况是……”

2. 要求来访学生做出明确选择，也就是问他希望或愿意如何做。辅导教师的任务是：

(1) 了解来访学生愿意如何行动。

“请告诉我，你是否宁愿……”

(2) 了解来访学生为克服困难会采取什么样的行动。

“你认为如何处理……”

3. 鼓励来访学生揭示自我选择的各种原因，帮助他做出最佳选择。辅导教师的任务是：

(1) 帮助来访学生了解每种选择的优劣之处。

“你认为这样做的好处和坏处是什么……”

(2) 让来访学生考虑到身体、情感及社会等诸多因素，做出现实的、合理的选择。

“你将做何选择?”

“哪种选择最适合你?”

4. 最后，要使来访学生了解一些特定选择所必需的知识技能或行为习惯。辅导教师的任务包括：

(1) 帮助来访学生认清不足。

“你必须学会……”

(2) 帮助来访学生设法弥补不足。

“从现在开始，你要努力……”

方法十：概括总结

所谓概括是对部分或全部谈话内容进行总结、提炼。概括的目的是为了汇总辅导过程中出现的一些关键问题，明确已经完成了什么，还需要做些什么。概括技术还可作为终止某一辅导阶段或开始新一轮阶段的过渡手段。通常比较有效的做法是：首先让来访学生对所发生的情况和所讨论的问题进行总结，这可使辅导教师更好地了解对方的态度和看法，帮助来访学生认清自己取得的进步和不足。然后由辅导教师对其中的重要方面作出概括，尽量清楚、简要地表达自己的看法，同时还要请来访学生作出评价。请看下面的例子：

辅导教师：“现在让我们总结一下：一方面你感到寂寞和孤独，尤其是和大家在一起的时候；另一方面，你说你很难与别人相处。那么，即使你想了解别人，也觉得无从做起，是这样吗？”

以上介绍了建立和发展心理健康辅导关系的多种谈话方法。通过这些方法的应用，辅导教师可以使来访学生提高或加深对其自身问题的认识，这就为来访学生采取行动来缓解和解决问题铺平了道路。良好的辅导关系可为改变其行为、调整其认知奠定基础。同时，这种谈话本身就是一种很好的辅导、咨询或治疗。

本讲小结

教师的职责不只是传授知识，还应该包括学生的人格成长和心灵养护。在教学工作中，我们也会经常遇到一些存在心理和行为问题的学生。因此有必要掌握一些心理辅导的方法和技术。助人是一门艺术，前提是师生之间建立互信，学生愿意寻求和接受老师的帮助。心理辅导的关键环节在于探究和识别学生的问题，帮助他们找到解决问题的方法和途径。实践中我们会发现，这不是件容易的事情，上面介绍的这些方法和技术正好可以派上用场。实际上，这些方法和技术不只用在心理健康辅导，也可以用在常规的教学和学生工作中。与学生打交道，需要心灵的沟通，心理辅导的这些技术和方法可以使心灵的沟通更有效，更通畅，更便捷。

附录 1

中国教师职业压力与心理健康调查问卷①

调查说明：

如果您是一名人民教师，我们诚挚地邀请您参与本次调查。请您认真阅读每一道题目，并根据您上学期最后三个月的状况如实作答。如果您对某些题目所说的内容不了解，您可以不回答。所有问题的回答都是一种主观判断，没有“对”与“错”，“是”与“非”之分。本次调查是以匿名的形式进行的，您的回答会处于完全保密状态。

为了保证本次公益调查结果的准确性，还请大家客观、公正地回答所有的问题。您的回答对于我们得出正确的结论很重要，希望能得到您的配合和支持，谢谢！

一、下面总共有 18 项描述，请您根据自己上学期最后三个月的感受和体会，判断它们在您所在的单位或者您身上发生的频率。如果您从来没有这种想法或体会，请选择 0；如果您曾经有这种想法或体会，请选择合适的数字。

选项标准说明：

---

① 新浪教育. 中国教师职业压力与心理健康调查［EB/OL］.（2005-08-26）［2010-10-09］. http://edu.sina.com.cn/l/2005-08-26/1106125867.html.（引用时略作修改）

0	1	2	3	4	5	6
从不	极少 一年几次或更少	偶尔 一个月一次或者更少	经常 一个月几次	频繁 每星期一次	非常频繁 一星期几次	每天

1. 早晨起床时，我感觉非常累，可是又不得不去面对一天的工作。

○0 ○1 ○2 ○3 ○4 ○5 ○6

2. 在工作中整天与学生打交道，对我来说确实压力很大。

○0 ○1 ○2 ○3 ○4 ○5 ○6

3. 我能非常有效地处理学生的各种问题。

○0 ○1 ○2 ○3 ○4 ○5 ○6

4. 工作让我有快要崩溃的感觉。

○0 ○1 ○2 ○3 ○4 ○5 ○6

5. 我感觉，我的工作对学生的生活有积极的影响。

○0 ○1 ○2 ○3 ○4 ○5 ○6

6. 自从开始干这份工作，我对学生越来越不像以前那么热情了。

○0 ○1 ○2 ○3 ○4 ○5 ○6

7. 我担心我的工作使我变得越来越没有同情心了。

○0 ○1 ○2 ○3 ○4 ○5 ○6

8. 我并不真正关心有些学生的状况。

0○ ○1 ○2 ○3 ○4 ○5 ○6

9. 跟学生在一起的时候，我很容易营造一个轻松的氛围。

○0 ○1 ○2 ○3 ○4 ○5 ○6

10. 我因为工作上的事情，情绪低落。

○0 ○1 ○2 ○3 ○4 ○5 ○6

11. 我因为工作上的事情，非常生气。

○0 ○1 ○2 ○3 ○4 ○5 ○6

12. 我因为工作上的事情，非常紧张。

○0 ○1 ○2 ○3 ○4 ○5 ○6

13. 失眠。

○0 ○1 ○2 ○3 ○4 ○5 ○6

14. 消化不良或者食欲不振。

◯0 ◯1 ◯2 ◯3 ◯4 ◯5 ◯6

15. 呼吸困难或者头晕。

◯0 ◯1 ◯2 ◯3 ◯4 ◯5 ◯6

16. 担心下岗。

◯0 ◯1 ◯2 ◯3 ◯4 ◯5 ◯6

17. 想离开这家单位。

◯0 ◯1 ◯2 ◯3 ◯4 ◯5 ◯6

18. 我对在这家单位工作非常满意。

◯0 ◯1 ◯2 ◯3 ◯4 ◯5 ◯6

二、人们对于什么是造成压力的原因有各种各样的看法。下面总共有20项描述，请您根据自己上学期最后三个月的实际感受进行判断，并选择合适的答案。判断的标准如下：

选项标准说明：

1	2	3	4	5
不是造成压力的原因	在一定程度上是造成压力的原因	是造成压力较重要的原因	是造成压力的重要原因	是造成压力的关键原因

1. 负担过重（比如，工作量大，经常需要加班等）。

◯0 ◯1 ◯2 ◯3 ◯4 ◯5

2. 担心学生出各类问题。

◯0 ◯1 ◯2 ◯3 ◯4 ◯5

3. 学校与家长过分关注学生的分数。

◯0 ◯1 ◯2 ◯3 ◯4 ◯5

4. 担心自己能否被学生接受。

◯0 ◯1 ◯2 ◯3 ◯4 ◯5

5. 考核与评比（比如，评比太多，考核内容与模式僵化）。

◯0 ◯1 ◯2 ◯3 ◯4 ◯5

6. 职称评聘。

◯0 ◯1 ◯2 ◯3 ◯4 ◯5

7. 对教师业务能力要求越来越高（比如多媒体教学等）。

○0 ○1 ○2 ○3 ○4 ○5

8. 工作缺乏成就感。

○0 ○1 ○2 ○3 ○4 ○5

9. 教师的社会地位不高。

○0 ○1 ○2 ○3 ○4 ○5

10. 单位人际关系复杂。

○0 ○1 ○2 ○3 ○4 ○5

11. 社会对教师的基本道德要求过高。

○0 ○1 ○2 ○3 ○4 ○5

12. 子女教育或就业问题。

○0 ○1 ○2 ○3 ○4 ○5

13. 经济负担（包括住房问题，工资发放不及时等）。

○0 ○1 ○2 ○3 ○4 ○5

14. 所做的工作不能得到客观、公正的评价与回报。

○0 ○1 ○2 ○3 ○4 ○5

15. 工作岗位竞争。

○0 ○1 ○2 ○3 ○4 ○5

16. 被动地适应单位各种改革。

○0 ○1 ○2 ○3 ○4 ○5

17. 工作不能得到领导的理解与支持。

○0 ○1 ○2 ○3 ○4 ○5

18. 在工作中不能不断提升自己。

○0 ○1 ○2 ○3 ○4 ○5

19. 家人对自己的工作支持不够。

○0 ○1 ○2 ○3 ○4 ○5

20. 单位的规章、制度和各类要求有很多不合理的地方。

○0 ○1 ○2 ○3 ○4 ○5

三、关于教师的工作

1. 您觉得您的大部分同事之所以选择教师作为自己的职业，是因为：

A. 教师比较稳定、轻闲

B. 希望能够从事教书育人的工作，为社会做点贡献

C. 找不到其他合适的工作，只能从事这份工作。

2. 当您感觉压力很大时，您一般会如何处理？

A. 分析遇到了什么问题，并采取措施来解决问题

B. 向家人、同事与朋友倾诉，以缓解压力

C. 花更多时间做其他自己喜欢做的事情（比如，吸烟、购物、上网、运动等）

D. 告诉自己：有人还不如自己

E. 不采取任何措施，拖一天算一天

3. 您所在的学校是否重视教师的压力问题，并采取了积极的措施去帮助教师预防或者减轻压力？

A. 不重视，从来没有考虑过教师的压力问题

B. 重视，采取了一些措施来帮助教师预防或者减轻压力

4. 您是否了解应该如何去应对压力？

A. 不了解

B. 通过非正式的渠道（比如，杂志、报纸或者图书）了解一点

C. 通过正规的渠道（比如，学校的宣传或者培训），有一些了解，知道如何去应对压力

5. 平均来说，您每天花在工作上的时间：

A. 少于 8 小时　　B. 8-10 小时　　C. 超过 10 个小时

6. 如果可以重新选择，您是否还会选择成为一名教师？

A. 不会　　B. 不好说　　C. 会

7. 您按计划锻炼身体吗？

A. 总是　B. 经常　C. 当可能时　D. 不经常　E. 偶尔　F. 很难得

8. 您是否了解心理健康方面的知识？

A. 不太了解　　B. 有些了解　　C. 很了解

9. 总体来说，作为一名教师，您感觉：

A. 没有什么压力　　B. 有一点点压力

C. 压力比较大　　D. 压力非常大

四、您个人的基本信息（部分题目请根据您上学期的情况回答）

1. 性别

○男　○女

2. 年龄

○20 岁以下　○21-30　○31-40　○41-50　○50 岁以上

3. 教育程度

○初中或以下　○高中或中专　○大专　○本科　○本科以上

4. 婚姻状况

○已婚同居　○已婚分居　○离婚　○未婚　○丧偶　○未婚同居

5. 您的教龄

○2 年以下　○3-5 年　○6-10 年　○11-19 年　○20 年以上

6. 所在学校类型

○幼儿园　○小学　○初中　○高中　○中专（含职高）

○大学（含大专）

7. 所在学校类型

○重点学校　○非重点学校　○不存在这种分法

8. 所教班级类型

○主要是毕业班　○主要是非毕业班　○不存在这种分法

9. 所教科目

○主科　○非主科　○具体科目（填写）：________

附录 2

症状自评量表（SCL-90）①

指导语：以下表格中列出了有些人可能有的病痛或问题，请仔细阅读每一条，然后根据最近一星期以内（或过去______周内）下列问题影响你或使你感到苦恼的程度，在方格内选择最合适的一格画“√”。请不要漏掉问题。

	从无	轻度	中度	偏重	严重
	0	1	2	3	4
1. 头痛	□	□	□	□	□
2. 神经过敏，心中不踏实	□	□	□	□	□
3. 头脑中有不必要的想法或字句盘旋	□	□	□	□	□
4. 头昏或昏倒	□	□	□	□	□
5. 对异性的兴趣减退	□	□	□	□	□
6. 对旁人责备求全	□	□	□	□	□
7. 感到别人能控制您的思想	□	□	□	□	□

① 汪向东，王希林，马弘．心理卫生评定量表手册［M］．北京：中国心理卫生杂志社，1999：33-35．

8. 乱责怪别人制造麻烦	□	□	□	□	□
9. 忘性大	□	□	□	□	□
10. 担心自己的衣饰整齐及仪态的端正	□	□	□	□	□
11. 容易烦恼和激动	□	□	□	□	□
12. 胸痛	□	□	□	□	□
13. 害怕空旷的场所或街道	□	□	□	□	□
14. 感到自己的精力下降，活动减慢	□	□	□	□	□
15. 想结束自己的生命	□	□	□	□	□
16. 听到旁人听不到的声音	□	□	□	□	□
17. 发抖	□	□	□	□	□
18. 感到大多数人都不可信任	□	□	□	□	□
19. 胃口不好	□	□	□	□	□
20. 容易哭泣	□	□	□	□	□
21. 同异性相处时感到害羞不自在	□	□	□	□	□
22. 感到受骗，中了圈套或有人想抓住您	□	□	□	□	□
23. 无缘无故地突然感到害怕	□	□	□	□	□
24. 自己不能控制地大发脾气	□	□	□	□	□
25. 怕单独出门	□	□	□	□	□
26. 经常责怪自己	□	□	□	□	□
27. 腰痛	□	□	□	□	□
28. 感到难以完成任务	□	□	□	□	□
19. 感到孤独	□	□	□	□	□
30. 感到苦闷	□	□	□	□	□
31. 过分担忧	□	□	□	□	□
32. 对事物不感兴趣	□	□	□	□	□

33. 感到害怕	□	□	□	□	□
34. 您的感情容易受到伤害	□	□	□	□	□
35. 旁人能知道您的私下想法	□	□	□	□	□
36. 感到别人不理解您、不同情您	□	□	□	□	□
37. 感到人们对您不友好，不喜欢您	□	□	□	□	□
38. 做事必须做得很慢以保证做得正确	□	□	□	□	□
39. 心跳得很厉害	□	□	□	□	□
40. 恶心或胃部不舒服	□	□	□	□	□
41. 感到比不上他人	□	□	□	□	□
42. 肌肉酸痛	□	□	□	□	□
43. 感到有人在监视您、谈论您	□	□	□	□	□
44. 难以入睡	□	□	□	□	□
45. 做事必须反复检查	□	□	□	□	□
46. 难以作出决定	□	□	□	□	□
47. 怕乘电车、公共汽车、地铁或火车	□	□	□	□	□
48. 呼吸有困难	□	□	□	□	□
49. 一阵阵发冷或发热	□	□	□	□	□
50. 因为感到害怕而避开某些东西、场合或活动	□	□	□	□	□
51. 脑子变空了	□	□	□	□	□
52. 身体发麻或刺痛	□	□	□	□	□
53. 喉咙有梗塞感	□	□	□	□	□
54. 感到前途没有希望	□	□	□	□	□
55. 不能集中注意	□	□	□	□	□
56. 感到身体的某一部分软弱无力	□	□	□	□	□
57. 感到紧张或容易紧张	□	□	□	□	□

58. 感到手或脚发重	□	□	□	□	□
59. 想到死亡的事	□	□	□	□	□
60. 吃得太多	□	□	□	□	□
61. 当别人看着您或谈论您时感到不自在	□	□	□	□	□
62. 有一些不属于您自己的想法	□	□	□	□	□
63. 有想打人或伤害他人的冲动	□	□	□	□	□
64. 醒得太早	□	□	□	□	□
65. 必须反复洗手、点数	□	□	□	□	□
66. 睡得不稳不深	□	□	□	□	□
67. 有想摔坏或破坏东西的想法	□	□	□	□	□
68. 有一些别人没有的想法	□	□	□	□	□
69. 感到对别人神经过敏	□	□	□	□	□
70. 在商店或电影院等人多的地方感到不自在	□	□	□	□	□
71. 感到任何事情都很困难	□	□	□	□	□
72. 一阵阵恐惧或惊恐	□	□	□	□	□
73. 感到公共场合吃东西很不舒服	□	□	□	□	□
74. 经常与人争论	□	□	□	□	□
75. 单独一人时神经很紧张	□	□	□	□	□
76. 别人对您的成绩没有作出恰当的评价	□	□	□	□	□
77. 即使和别人在一起也感到孤单	□	□	□	□	□
78. 感到坐立不安心神不定	□	□	□	□	□
79. 感到自己没有什么价值	□	□	□	□	□
80. 感到熟悉的东西变得陌生或不像是真的	□	□	□	□	□
81. 大叫或摔东西	□	□	□	□	□
82. 害怕会在公共场合昏倒	□	□	□	□	□

83. 感到别人想占您的便宜	□	□	□	□	□
84. 为一些有关性的想法而很苦恼	□	□	□	□	□
85. 您认为应该因为自己的过错而受到惩罚	□	□	□	□	□
86. 感到要很快把事情做完	□	□	□	□	□
87. 感到自己的身体有严重问题	□	□	□	□	□
88. 从未感到和其他人很亲近	□	□	□	□	□
89. 感到自己有罪	□	□	□	□	□
90. 感到自己的脑子有毛病	□	□	□	□	□

参考文献

1. Patterson. *The Counselor in the School: Selected Readings* [M]. New York，1967.
2. 艾森克. 心理学——一条整合的途径 [M]. 上海：华东师范大学出版社，2000 年版.
3. 陈国鹏. 心理测验与常用量表 [M]. 上海：上海科学普及出版社，2005 年版.
4. 大卫·伯恩斯著，李安龙译. 伯恩斯新情绪疗法 [M]. 哈尔滨：北方文艺出版社，2007 年版.
5. 高峰，袁军. 上海市小学教师心理健康现状调查 [J]. 上海教育科研，1995，(3).
6. 胡春梅，姜燕华. 近三十年来国内外关于教师工作倦怠的研究综述 [J]. 天津教科院学报. 2006，(3).
7. 金华，张明园，吴文源等. 中国正常人 SCL-90 评定结果的初步分析 [J]. 中国神经精神科杂志，1986，(5).
8. 科拉·丹尼尔. 最后的禁忌 [J]. 财富，2003，(1).
9. 李占江等. 心理卫生科普漫画手册 [M]. 北京：中国社会科学出版社，2004 年版.
10. 罗杰·霍克. 改变心理学的 40 项研究 [M]. 北京：人民邮电出版社，

2010 年版.
11. 马可·奥勒留. 沉思录［M］上海：上海三联书店，2008 年版.
12. 拿破仑·卡尔. 积极心态的力量［M］. 天津：天津社会科学出版社，2009 年版.
13. 诺斯拉特·佩塞施基安. 积极心理治疗：一种新方法的理论与实践［M］. 北京：社会科学文献出版社，2004 年版.
14. 任俊. 积极心理学［M］. 上海：上海教育出版社，2006 年版.
15. 任俊，叶浩生. 积极人格：人格心理学研究的新取向［J］. 华中师范大学学报（人文社会科学版），2007，(7).
16. 沙莲香. 社会心理学（第二版）［M］. 北京：中国人民大学出版社，2006 年版.
17. 汪向东，王希林、马鸿. 心理卫生评定量表手册［M］. 北京：中国心理卫生杂志社，1999 年版.
18. 王灿，金长山，李春泉，于柏松. 中学教师 SCL-90 测试结果分析［J］. 沈阳医学院学报，2004，(9).
19. 王芳，许燕. 中小学教师职业枯竭状况及其与社会支持的关系［J］. 心理学报，2004，(5).
20. 王加绵. 辽宁省中小学教师心理健康状况的检测报告［J］. 辽宁教育，2000，(9).
21. 王晓春，张莹，甘怡群，张轶文. 中学教师工作倦怠量表的编制［J］. 应用心理学，2005，(2).
22. 邢金萍. 教师工作倦怠的背后——教师工作倦怠相关因素的调查与研究［J］. 河南大学学报（社会科学版），2006，(1).
23. 曾芊，曾轼. 广东高校退休教师生活满意度水平调查分析［J］. 广州体育学院学报，2001，(12).
24. 张建新，宋维真，张妙清. 明尼苏达多相人格测验（第二版）MMPI-2 中文（简体字）版用户手册［M］. 北京：地质出版社，2004 年版.
25. 郑日昌. 情绪管理压力应对［M］. 北京：机械工业出版社，2008 年版.